川南宋墓石刻图式分析及数字拓片研究

Chuannan Songmu Shike Tushi
Fenxi Ji Shuzi Tapian Yanjiu

朱晓丽 —— 著

人民出版社

前　言

　　拓片是中国特有的传统艺术表现形式,具有很高的历史价值和美学价值。拓片所具有的美感是照片不能替代的,今天的科学研究,很多地方也需要使用拓片。传统拓片的制作,需要在石刻作品表面进行捶拓,长此以往一定会对石刻作品产生破坏,从文物保护的角度来看,应该尽可能避免在原石刻上进行拓片制作。拓片的现实需求性与拓片制作对文物的破坏性是一对不可调和的矛盾,数字拓片思路的提出,是试图解决这一矛盾的尝试和实验。

　　目前国内对传统艺术的保护,已经得到了广泛的重视,但在拓片创新制作研究方面,却基本无经验可借鉴,其主要原因在于这一课题研究需要计算机技术与艺术学科的密切结合。本书的研究是将计算机技术运用到拓片制作领域的初次尝试,试图为保护传统文化提供一种新的思路,并对日后的应用性研究提供一些参考。

　　数字拓片的研究,涉及原始石刻、拓片资料和数字技术三方面的内容。泸县是近年来宋代石刻出土较为集中的地区,出土石刻数量较多且造型精美,为数字拓片的研究提供了大量原始石刻素材,当地文管所提供的一些与原始石刻对应的拓片资料,给本研究工作提供了十分重要的帮助。本研究是以川南宋墓石刻为依托,通过对其图象特征进行分析,尝试找到手工拓片与原石刻图象特征的相互关系,并以实验的方式建立手工拓片的样本模板,为数字拓片提供可以信赖的参照标准。然后以手工拓片样本模板为参照,利用相关计算机技术实现数字拓片的生成。

　　本书第一章,分析研究的意义和目的,论述国内外川南宋墓石刻图式分析和数字拓片领域的研究现状,讨论研究思路和具体方案,并简单介绍本书的主要内容。第二章,对川南宋墓石刻图式作较深入的分析。通过对造型特征、构图特征、雕刻技法特征等全方位内容的剖析,找出对川南石刻拓片制作有影响的图式特征,为数字拓片的进一步研究做前期铺垫。第三章,主要研究拓片制作技术的相关内容,通过对拓片形制与形式的深入了解,厘清拓片的艺术价值、制作技术流程、风格样式等内容,为数字拓片制作提供参照坐标。第四章,主要论述如何实现数字拓片的生成。提出制作数字拓片的研究目标,确立"两步走"的工作思路,分析实现数字拓片所需要的技术路线,建立手工拓片比对样本,寻找实现数字拓片的关键技术和环节,建立实现数字拓片的相关流程并做简要分析。第五章,为数字拓片制作系统设计友好的可视化操作界面;采集和生成数字拓片的样本,应用统计学的方法,设计问卷,对其可信度进行分析,验证该系统的有效性和可行性。

目　录

第一章　绪　论

第一节　研究背景

人们研究和发展计算机技术的初衷之一,是想寻找一种新的途径和方法,去解决用非计算机技术不能和很难解决的问题,从这个意义上讲,计算机技术是一种工具,只有为其他科学技术服务才有存在的价值和存在的可能。计算机技术和传统学科的结合是时代的要求,也是科学技术的必然发展方向。计算机技术进入传统学科研究领域后,发展速度大大加快。

中国传统视觉艺术,有着十分丰富的内容和文化内含义,是中华民族文化基因中不可缺少的重要一环。在古代传统哲学思想的影响下,中国视觉艺术的研究较为感性和含蓄。20 世纪 20 年代,随着五四运动的科学和民主思想席卷了中华大地,为该项研究工作带来了全新的认识和方法论,奠定了当代视觉艺术研究工作的基础。在新的体制下,实现了研究工作的科学化、系统化和规范化,并建立了健全的体系,培养了一批具有专业技术知识的学者,对传统中国视觉艺术进行了很好的梳理、总结和继承,取得了令人瞩目的成果。

在科学技术迅猛发展的今天,传统学科的概念正变得越来越模糊,学科之间的相互交流和融合已经成为一种大的趋势,在这种大背景下,打破传统的知识结构,利用多学科杂交所产生的优势,不断对学术的研究领域进行拓展,是顺理成章的事情。越来越多的事实证明,学科交叉和多学科结合是当代科学研究工作的发展方向,多学科领域交叉研究工作所取得的成绩,对当今社会人们生活和工作的影响力正在不断地扩大。

同时,随着计算机技术的发展和成熟,计算机技术在日常生活和工作中的应用也越来越广。但计算机技术在艺术领域的应用研究是近几十年才兴起的,图形图像的处理、虚拟现实的实现等新技术,使人们能够更好地体验到新科技带来的视觉震撼。和国外的研究现状相比较,国内计算机技术在艺术领域的应用研究还显得比较薄弱。本书的研究是以艺术学为支撑,将计算机技术运用到中国传统视觉艺术领域进行研究的尝试,试图为保护传统文化艺术提供一种新的思路,并对日后的应用性研究提供一些参考。

第二节　研究目的及意义

一、石刻文物保护工作的需要

笔者在攻读博士学位期间,参与了重庆大学艺术学院张春新教授主持的国家"十五"艺术科学规划课题"四川南部地区南宋墓葬石刻艺术研究"(05BF063);2008年笔者作为项目负责人主持了西南大学青年教师基金项目"泸县南宋墓葬石刻的视觉特征分析"(SWU08116)。在这两个项目的研究活动中,得有机会与川南宋墓石刻进行了大量近距离的接触。同全国其他地区南宋墓葬石刻文物埋藏较少的现状比较,川南地区埋葬的南宋墓石刻较为丰富。初步统计,仅在泸县境内就错落分布着100余座宋代石室墓。泸县石室墓中这批石刻不仅数量众多,而且尺寸巨大、雕刻十分精美,是宋代政治、军事、文化、经济、世俗生活、社会形态的真实反映,是研究宋代川南地区社会习俗的重要遗产,它们受到了专家学者的高度重视。这批宋墓石刻,无论从考古研究价值,还是从其艺术价值和文化价值上看,都显得弥足珍贵。[1]然而,在20世纪90年代以前,受经济条件的限制,川南地区这些珍贵的历史文化遗迹没有得到很好的保护,经过长时间的风吹日晒,许多已经风化而变得十分脆弱,更令人痛心的是,一些不法之徒受利益的驱使,干起了偷坟掘墓的勾当,开始对当地的宋墓进行破坏性的挖掘,珍贵文物的损失毁坏十分严重。以泸县为例,根据当时的文物部门统计,泸县境内19个乡镇发现了数以百计已经暴

---

[1] 参见卢大贵:《全国最大宋代墓群惊现泸县》,《泸州文物》2003年第2期。

露的宋代古墓。猖狂的盗墓行为引起了有关部门的高度重视,政府和公安机关投入了大量的人力物力,对这种破坏文物的行为给予了严厉的打击。与此同时,文物部门也加强了被盗被毁墓葬石刻的考古研究,组织有关专家对已经暴露的和处境危险的多座墓葬进行抢救性的发掘,并追缴、收集流落民间的被盗的石刻文物,做了很多积极有效的工作。①

由于时间仓促,目前对这些文物的研究和利用还比较有限,现阶段对南宋时期川南地区石刻的研究还处在起步阶段,虽然许多基础工作已经完成,但是更加深入和系统的研究工作还没有来得及开展。石刻保护手段与措施也相对薄弱,有时甚至会因某些提取石刻信息的手段不当而使之受损。基于这样一个现状,进行更深层面的研究工作是十分必要的。

二、弘扬、发展及创新拓片文化的需要

对于石刻艺术研究而言,拍照、绘制线描图像、制作拓片等都是留存其艺术形象的重要手段。拍照留下的艺术形象具有极强的现场感,对研究石刻的存在环境具有重要意义;绘制线描图像,可以提炼石刻的造型方式、形象特征、装饰手法;而拓片中文字和图形的黑白分明的艺术效果,在很多时候比原器物更加直观、明确和强烈。所以,在面对中国传统艺术留存形象的时候,拓片在某些方面比照片更具有优势,拓片对器物的造型符号有着天生的概括提炼,对图形外形轮廓也有着自然而然的强调,更便于进行图画形式及构成要素的分析与研究。

拓片是一种古老的中国传统艺术形式,对中国文化的流传起着非常重要的作用,直到今天,拓片在某些特定的领域仍然有广泛的运用。拓片是通过千百年来继承和传递下来的中华文化中的瑰宝,是进行文物研究最常用、最具魅力的手段。更为重要的是,拓片一经制作完成,它本身就成为了一件艺术品,在中国人的审美意识中已经形成了一种根深蒂固的美感,人们可以从它的身上发掘出独特的历史沧桑感、鲜明的图式符号感,强烈的形式美感,这都是其他艺术形式所不能替代的。

---

① 参见四川省文物考古研究所、成都市文物考古研究所、泸州市博物馆、泸县文物管理所:《泸县宋墓》,文物出版社 2004 年版,第 2-4 页。

作为传统的手工技艺,制作拓片的过程是相对复杂的。拓片的制作,需要用蘸上墨汁的拓包,在仅隔着一层薄薄宣纸的原石刻上进行捶打,这种反复的捶打,势必会对原石刻或其他的器物造成伤害,特别是许多历史久远的器物,已经变成了易碎的珍贵文物,其自身非常脆弱,如果采用传统的拓制过程,对这些文物的损坏将是毁灭性的。因此,出于保护文物的目的,有必要对在珍贵文物上面进行的拓片制作进行必要的限制。实际情况也正是如此,很多文物保护和管理机构认识到了这种事态的严重性,便明确规定禁止在受保护的文物上进行拓片制作。但这一规定在保护文物的同时,却限制了依赖于拓片进行相关学科研究的发展。

除此之外,传统的拓片制作过程对环境也有较高的要求,非常容易受到天气、位置、环境等客观因素的制约,拓制对象的大小和类型也会对拓片制作工艺的难易程度起非常重要的作用,可以想象,要把处在复杂环境下的、体型巨大且多为高浮雕作品的川南石刻,拓制成拓片会有多么的艰难,如果遇到大风、大雨等恶劣的自然天气情况,拓制工作更是将完全陷入停顿,无法开展。这种"看天吃饭"的工作模式,势必影响到研究工作的正常开展,给文物保护和科学研究工作带来诸多的不便和麻烦。

进行过拓片制作的人都知道,传统的拓片制作工艺,需要耗费大量的人力和物力。特别是针对大型文物而言,要想拓制出高质量的拓片,必须对拓制工作的所有细节进行周密的考虑和计算,例如对纸张的厚度、拓制时纸张的湿润程度、拓制力度的大小、拓制的方式和手法,都要有充分的设想和控制,才能保留出原物表面的最细微变化,达到最理想的效果。这项工作是一个既细致又耐心的过程,只有"慢功"才能出"细活"。当然,这无疑会加大拓片制作所需的工作量,在当前文博单位的人力、财力都相对紧张的情况下,如何减轻拓片制作工作的负担,同时保证相关科研工作的正常进行,是摆在科研单位和科研工作者面前的一个课题。

传统的拓片制作工艺还存在一个值得我们去关注和思考的问题。众所周知,拓片的制作是由具体的制作人员来完成的,由于每个人的艺术感觉不同、拓制手法不同、制作方式不同,拓制出来的效果自然也就因人而异、千差万别。也就是说,传统的拓片制作方式,受人为因素的影响比较大,在进行图式研究的时候,不同工作人员在同一物体上拓制出来的具有一定差别的拓片,会对研究的结果产生较大的影响,研究成果的说服力和权威性就会大打折扣。建立一个规范的、量化的拓片制作方法和标准,将有助于增加现阶段文物的保护和研究工作的科技含量和标准化建设。

许多用于制作拓片的原始文物,造型丰富而奇特,这些奇形怪状的器物形态不仅给拓制工作带来了困难,也使得制作出来的拓片有比较明显的变形,拓片变形在很大程度上影响了对原石器物的准确反映。因此,许多书法拓片为了避免字口变粗,字形变松散,都尽量保持拓片原始的凹凸起伏变化,不主张对其进行托裱,这种保存方式的弊端显而易见,是对环境的要求极为苛刻,而且不仅单薄的拓片用纸经过一个较长的时期以后,必然会造成纤维的老化和纸张的脆裂,就单是保持拓片原始的凹凸感都极难做到,因为任何一次挤压和搬动,都不可避免地会造成现有起伏状态的改变。显然,寻找一种更稳定、更不易变形的拓片制作方法和保存方式是十分必要的,也是十分迫切需要的。

三、计算机技术与中国传统文化相结合的需要

分析川南墓葬石刻的图式,研究数字拓片的制作技术,正是基于上述原因而需做的一项探索工作。把计算机技术引入到中国传统艺术的研究中来,利用计算机技术的优势,拓展艺术领域的研究范围,提升艺术领域的研究内涵,不仅会对中国传统艺术的研究工作产生巨大的影响,同时也会挖掘出计算机技术潜在的强大应用能量,为计算机技术更好地服务于本土文化开拓更广阔的空间。传统艺术研究和计算机技术应用的有机结合是一种发展趋势,然而今天能见到有关于此的研究成果不多,在缺少先例和借鉴的情况下,尝试此项研究工作更显得意义重大。

第三节 相关研究综述

计算机技术应用的发展,经历了从简单的数据、文字信息处理,到较为复杂的图形、图像处理的过程。而图形、图像的表示,对早期的计算机技术的应用而言,是一项挑战,但在攻克了这一难题之后,计算机技术应用的进程开始大大加快。随着交互式图形控制技术的广泛运用,计算机的图形、图像处理变得相对简单。现在的计算机已经不再是计算机专业科研工作者手中的工具,在家庭和个人的日常生活与工作中都得到了广泛的运用,对我们产生了极其重大的影响。今天的计算机应用正在改变当代人的日常生活与工作方式,同时也为传统的研究空间注入了新的内容和意义。

一、川南宋墓石刻艺术研究现状

川南宋墓石刻艺术主要是指 2002 年在四川泸县(属泸州市)南宋石室墓中出土的宋代石刻艺术品。它是继全国十大考古发现——四川华蓥南宋丞相安丙墓之后的又一重大考古发现,被评为 2002 年全国重要考古发现。①除此之外,还包括泸州市以及合江县近年来出土的部分墓葬石刻艺术品。这些石刻已成为研究这一地区南宋墓葬文化的代表。

然而目前对它的关注还相当不够,展开的研究也十分匮乏,大致包括:以报纸为载体的新闻专题性的介绍,如《四川日报》2002 年 10 月、《成都日报》2002 年 10 月、《成都晚报》2002 年 10 月、《中国文物报》2002 年 12 月、《香港文汇报》2003 年 8 月及《四川画报》2003 年第 4 期等都是概要介绍的新闻报道;期刊论文仅有泸州市博物馆主办的"泸州文物"2004 年特刊上登载过一篇谢荔的《泸州宋代石刻艺术研究》;著作有文物出版社出版的《泸县宋墓》一书,该书由四川省文物考古研究所、泸州市博物馆等单位联合编著,以图文结合的方式(16 开本,200 多页,约 140 幅印刷精良的彩图)记录了相关的考古测绘数据,如墓葬石刻的分布情况、墓室的构造、石刻内容的大致分类等,为人们日后继续进行泸县宋墓石刻研究打下了重要而坚实的基础;课题研究有重庆大学艺术学院张春新教授 2005 年主持的国家"十五"艺术科学规划课题——四川南部南宋墓葬群石刻艺术研究(05BF063),重庆大学艺术学院李雅梅副教授 2007 年主持的重庆大学青年教师基金项目"四川南部地区石刻艺术研究"(CDSK2006—17),笔者 2008 年主持西南大学社科基金青年项目"泸县南宋墓葬石刻的视觉特征分析"(SWU08116)。

---

① 参见卢大贵:《全国最大宋代墓群惊现泸县》,《泸州文物》2003 年第 2 期。

二、计算机技术在艺术领域的应用研究现状

计算机美术是计算机应用的重要组成部分,国外把计算机技术运用到美术领域可以上溯到 20 世纪 50—60 年代。虽然受到当时计算机设备和技术的双重限制,所取得的成果非常有限,当时通过非专业人士所不能企及的复杂程序设计,所画出的几何图形和图案却远比手绘图案要简单,就是这种还没有应用价值的简单图案,却标志着计算机技术在视觉领域应用的可能。如美国早期从事计算机艺术创作的艺术家 Mark Gillenson 和 B.Chanderse Karan 应用计算机技术,模拟画出了自己的简单肖像。①

欧美的水彩画、水粉画、铅笔画、钢笔画、炭笔画、油画、版画等多种绘画艺术形式有着十分悠久的历史和卓越的文化影响力,当计算机技术进入这些领域后,必然会对西方的这些传统艺术形式、艺术风格和艺术手法进行模仿和发展。而视觉艺术领域的计算机仿真技术,就是指以计算机技术为工具,对预成图像的结构、肌理特征和笔触特点以及颜色、形状的绘画要素等进行较逼真的数字化模拟。它是一种描述性技术,是一种定量与定性相结合的分析方法,能对各种绘画艺术形式作感性效果仿真的计算机仿真技术,目前已日趋成熟,有着十分广泛的应用范围。1991 年,Small 首次利用细胞自动机理论来仿真水彩画,取得了可喜的成果,1997 年,cassidy 在其基础上对该模型进行了进一步的研究,引入了浅水流动仿真模型,使渲染器更为可靠。②1994 年,Winkenbach 和 Salesin 在对传统钢笔画的笔画、纹理、色调和轮廓等不同特点的研究基础上,提出了钢笔画仿真的原则和要素,并构造了一个交互式钢笔画的渲染系统,利用图像扫描技术和产生钢笔画纹理和色调的相关算法,并通过简单的界面操作,由真实图像生成钢笔画得以实现。③基于相同的研究思路,铅笔画

---

① 参见何薇:《计算机图形技术与计算机艺术》,《装饰》1998 年第 2 期。

② See Cassidy J Curtis,Sean E Anderson,Joshua E Seims,etc,"Computer-generated watercolor",*Computer Graphics proceedings,Annual conference series,ACM SIGGRAPH*,Los Angeles,California,1997,pp.421-429.

③ See Georges Winkenbach,David H. Salesin,"Computer-generated pen-and-ink illustration",*Computer Graphics proceedings,Annual conference series,ACM SIGGRAPH*,New York,1994,pp.91-100.

和炭笔画的仿真模型也很快建立起来,由 Nan li 等人通过分析图像不同区域的纹理特征,提出了使用计算机生成铅笔画的步骤和方法。①

20 世纪 70—80 年代,随着计算机图形技术的发展,计算机技术被广泛应用到美术领域的各个方面,如绘画、艺术设计、艺术出版、影视特技、艺术教育、网页制作等。计算机操作系统图形界面,photoshop、coreldraw、painter、illustrator、3d studio 等大量图形应用软件的涌现,使得计算机技术与传统美术领域的结合越来越紧密。许多计算机技术已经替代了传统美术行业中的一些人工技术环节,成为这些领域广泛采用的、不可或缺的关键性技术,对当代美术朝着现代化、数字化、信息化的方向发展起着决定性的作用。

20 世纪 80 年代,由于人们对数字图像的巨大需求,计算机信息显示技术被广泛应用到影视制作、游戏设计等视觉领域,使计算机虚拟现实的技术得到了飞速的发展,同时随着计算机运算能力的提高,相关技术越来越成熟,功能也越来越强大。2006 年,微软亚洲研究院开发了"visual simulation of we athering"视觉仿真技术,②能对场景和物体在真实世界中受风吹雨淋、日晒灰积所产生的视觉变化进行逼真的数字模拟,改变了这之前虚拟场景因为太新而显得虚假的情况,使模拟的图像看上去更接近现实。微软亚洲研究院的工作人员对埃及狮身人面像的风化过程进行了模拟试验,通过试验可以清楚地看到狮身人面像随着风化作用而容颜改变的过程。

20 世纪 90 年代中期,非真实感绘制(NPR)的研究逐渐成为计算机技术在视觉艺术领域的一个新热点,这项技术是利用计算机技术生成具有一定绘画风格的、不具有照片真实感的图形处理技术。"NPR 的目标不在于图形的真实性,而主要在于表现图形的艺术特质、模拟艺术作品或作为真实感图形的有效补充。它可以在使用者完全没有任何(或至少没有足够的)由他们支配的绘画材料的情形下,辅助他们生成非真实感图像。"如由 Haeberli 提出了一种用户通过在一片空白区域内拖动鼠标完成绘制的半自动绘画方法,而 Y.Semet 提

---

① See Nan Li,zhiyong Huang ,"A feature-based pencil method", *Proceedings of the 1st international conference on computer graphics and interactive techniques in Australian and south East Asia*, Melbourne, Australia, 2003 ,pp.135–141 .

② 参见微软亚洲研究院研究成果系列报道:《探秘视觉仿真技术》,《新电脑》2006 年第 8 期。

出了另一种方法,即交互式的人造蚂蚁绘制方法;①另外,Decarlo 和 Santell 则在硬件设备眼睛跟踪器的协助下、Rasker 在多次曝光照相机的帮助下,完成了卡通风格的渲染;还有 Holger 利用较为成熟的图像处理算法生成了具有一定绘画风格的非真实感场景,②这些是目前国外 NPR 技术的主要研究成果。

计算机图形技术的成熟和相关硬件设备功能的提升,使计算机艺术的发展空间越来越广阔,从 20 世纪 60 年代简单几何图形的纹样时期,到 70—80 年代的交互式图形软件的出现,再到 90 年代的多媒体技术的广泛运用,计算机技术已全面进入了传统的视觉领域,给传统的美术设计和出版界带来了巨大的冲击和影响,计算机艺术甚至改变了相关产业原有的技术模式,使原来实现起来十分困难的环节在计算机技术的参与下变得容易和便捷。

各国的计算机技术研究工作都必然会受到自身文化传统的影响,在视觉艺术领域的研究同样如此,西方传统绘画的特性以及西方传统的审美情趣和视觉习惯,都在其计算机图像研究成果中烙下了深深的烙印,这是各国研究成果的必然结果。

三、计算机技术在中国传统视觉艺术中的应用研究现状

近年来,陆续有研究者开始尝试将这些西画的仿真研究思路和研究方法运用到中国传统艺术领域研究中,试图寻找一条能够更加有效的服务于中国传统文化自身发展需求的方式和途径。于是出现了水墨画的仿真研究③、书法的仿真研究④、剪纸效果的仿真研究⑤等。

水墨画的仿真研究主要是通过分析画面的感性艺术效果图形,分析影响

---

① 参见钱小燕、肖亮、吴慧中:《一种非真实感绘制的多智能体仿真方法》,《系统仿真学报》2006 年第 10 期。

② 参见阎晓敏、唐棣、孙岩:《基于图像的卡通画扫描线渲染方法》,《计算机工程与应用》2008 年第 17 期。

③ 参见齐亚峰、孙济洲、商毅:《中国水墨画的基本艺术特征及其计算机仿真实现》,《中国图象图形学报》2003 年第 5 期。

④ 参见宓晓峰、唐敏、林建贞、董金祥:《基于经验的虚拟毛笔模型》,《计算机研究与发展》2003 年第 8 期。

⑤ 参见张显全、于金辉、蒋凌琳、陶小梅:《计算机辅助生成剪纸形象》,《计算机辅助设计与图形学学报》2005 年第 6 期。

水墨效果的笔、墨、水、纸等各要素的结构、特性及相互影响的制约因素,建立起相应的毛笔模型、宣纸模型,并对其进行数字化、标准化处理,实现水墨画特殊效果的仿真。这些水墨画特殊效果的仿真研究有:水墨画扩散效果仿真、多笔次叠加效果仿真、干笔飞白效果的仿真等。

对计算机书法仿真的研究,方法也比较多,除了基于建立毛笔模型的方法以外,还包括基于建立毛笔字库的方法、基于建立书法笔画库的方法等。到目前为止这方面的研究工作还在继续。

除此之外,以敦煌壁画和石窟艺术为中心而展开的一系列研究(如敦煌壁画数字化保护[①]及修复[②]、敦煌壁画虚拟展示[③]、敦煌石窟漫游、敦煌壁画检索[④]等)也充分体现了计算机技术在中国传统艺术领域应用的进展,为我国的文化遗产保护作出了积极有益而又意义深远的探索。

四、计算机技术在拓片文化中的应用研究现状

通过以上综述可以看出,尽管计算机技术已在中国传统视觉领域取得了一定的应用成就,为我们提供了许多可贵的参考,然而,目前国内外如何利用计算机技术,将拓片作为研究对象开展的工作还开展得非常少,可查证且具有一定代表性和影响力的研究只有中国国家图书馆牵头组织的"中文拓片资源库"建设工程。[⑤]

该工程是"中文文献资源共建共享合作项目"之一。主要致力于拓片的数字化,即对馆藏原拓和拓片出版物进行影像捕捉,并用计算机技术构建拓片资源数据库。自2000年下半年以来,中国国家图书馆便开始了拓片品种库的建设,他们的目标是希望在10年到13年的时间里,基本完成馆藏部分4万种几

---

① 参见 William G.Bowen、樊锦诗:《中美合作研制敦煌数字图像档案》,《敦煌研究》2002年第4期。

② 参见潘云鹤、鲁东明:《古代敦煌壁画的数字化保护与修复》,《系统仿真学报》2003年第3期。

③ 参见潘云鹤、樊锦诗:《敦煌·真实与虚拟》,浙江大学出版社2003年版。

④ 参见鲁东明、潘云鹤:《基于形象语义特征的敦煌壁画检索》,《计算机学报》1998年第11期。

⑤ 参见张志清、冀亚平:《中文石刻拓片资源库建设》,《新世纪图书馆》2005年第1期。

十余万件拓片的编目、扫描和上网,从而建立起一个收录较为全面、丰满的拓片(影像)数据库,以此为国内外读者和研究机构提供拓片的检索查询和浏览服务。

国家图书馆所进行的这项庞大而艰巨的系统工程,除了能很好地方便用户进行检索、查询以及浏览等应用功能以外,这种以数字方式存储拓片数据的形式,也为拓片资源本身的永久性保存作出了极大的贡献。该课题对现有拓片资源的有效管理、广泛传播、合理应用及永久性保存等有着重要的意义。

然而就如何利用计算机技术制作数字拓片,以解决传统拓片制作方法带来的诸多问题方面,目前还没有任何机构与个人涉及这一领域。本书所进行的数字拓片研究,就是试图找寻一条解决这个问题的思路和方法,通过将计算机技术引入到中国传统拓片制作领域,推动拓片艺术的创新与发展,使数字拓片制作成为传统拓片艺术的一种有益和必要的补充。

第四节　主要研究内容

要研究数字拓片,必须弄清石刻图式特征、拓片、数字拓片三者的关系。

拓片是数字拓片的参照标准,数字拓片最终呈现的效果应该与拓片的相似度越高越好。而拓片是在石刻作品上拓制而成的,拓片呈现出什么效果自然与石刻的图式特征有着对应的关系,有什么样的石刻就会有什么样的拓片——尽管拓片是石刻的一种艺术再现形式,会有风格和个性特征的不同,但仍会忠实地反映出石刻的特征。另外,生成数字拓片的母体也是石刻,自然石刻图式对数字拓片的生成也有直接的影响,要使数字拓片的效果较为理想,必须对石刻的图式特征进行必要的分析。

基于以上原因,本书主要分为三部分展开论述:川南宋墓石刻图式分析、拓片艺术分析、数字拓片研究。川南宋墓石刻图式分析,主要对影响拓片制作和数字拓片生成的造型因素、构图因素、雕刻方法做针对性的研究。拓片艺术分析主要涉及的内容有:拓片的美学价值、文物价值和不可替代性、拓片的制作方法和制作程序、拓片的种类与风格等,分析的主要目的是为数字拓片提供可信的参照对象。而数字拓片研究,则主要论述如何利用计算机技术实现数字拓片的生成,并涉及如何验证数字拓片的效果等内容。

一、石刻艺术研究

(一)造型特征分析

川南宋墓石刻的造型特征主要包括象征性、符号化、程式化、概括性、平面化等几方面内容。造型的象征性是把一些抽象概念用具体的形象表达出来,为拓片制作提供石刻的实体,象征性的造型主要有形象象征和意义象征两类。艺术形象的符号化在中国传统美术中具有很强的代表性,川南宋墓石刻艺术中众多的造型都没有脱离中国传统美术中的符号化特点,无论是武士的造型还是房屋建筑、家具陈设乃至于小到一个花纹的装饰,都是一个实质性的符号,这个符号映射了现实生活中的人和物,川南宋墓石刻的符号可分为现实符号和天界符号两大系统,系统下的各类造型都有其共有的符号特点。程式化特征为川南宋墓石刻个体石刻可划分出类型,如武士、侍女、四灵神兽、花卉等,同一类型石刻的基本雕刻手法基本相同,而动作样式、角度样式、结构样式、组合样式的程式化雕刻手法,能为数字化拓片生成提供依据。无论是高浮雕作品还是浅浮雕作品,川南宋墓石刻主体与石刻背景都有十分明显的分界,具有很好的整体性特征,有利于数字拓片提取石刻主体轮廓。特别是线面结合的造型方式造就了川南宋墓石刻的平面化特征,这是一种雕刻和绘画紧密结合的表达方式,其拓片图像具有独特的艺术美感。

(二)构成样式分析

川南宋墓石刻的画面构成也很有特点。它追求以作者的心理情绪为重心来组织画面,不追求近大远小的空间立体感的再现,而是通过强烈的几何分割使画面产生装饰美感。画面一般没有统一的焦点,物体的大小也不完全遵循透视规律,注重渐变、突变、重复、均衡等视觉元素的运用,有着很强的形式美感。川南宋墓石刻的构成样式主要有框形结构和背景留白两类。其中,框形结构类的构成又分为基本框形结构、组合框形结构、隐性框形结构三种,每种构成样式皆有基本构成元素,可为数字拓片制作带来方便。背景留白具有丰富的文化内涵,这一方式的大量使用强化了石刻的疏密对比关系。

（三）雕刻技法分析

剔地起突、压地隐起、减地平钑是传统的石刻雕刻技法,在川南宋墓石刻中运用十分广泛,通过这三种方式的雕刻使整体构造形成了三种不同的高低起伏变化,如以武士石刻为代表的主体突出类型、假门石刻为代表的凹凸结合以凹为主类型、以人物故事石刻为代表的凹凸结合且以凸为主的类型等,图底关系都有各自的特点。图底关系的不同、高低起伏的差异,这对石刻高度十分敏感的拓片制作将有非常显著的影响。

川南宋墓石刻的细节刻画主要使用阴刻线,石刻中的线与当时绘画作品中的线有很大的相似性,不同类型的线造就了不同风格的石刻,如线的粗细变化、长短变化等充分刻画了石刻的细节与局部区域的质感,线与线丰富多变的组合,使石刻作品具有疏密的节奏变化、整体的动势变化,从而产生了韵律美感。

二、拓片艺术研究

拓片是中国特有的传统艺术表现形式,具有很高的美学价值和历史价值。拓片也是中国古代印刷技术的重要产物,是影印技术传入中国前最主要的艺术传播形式,担负着传播中国文化的重任。拓片制作技术经历了漫长的演进和发展过程,随着各时期不断加入新的技术,拓片制作工艺积淀了更为丰富的文化内涵。拓片风格和流派众多,不同风格拓片的审美追求差异很大,所呈现的视觉特征也完全不同。

拓片的制作流程十分复杂,拓片的效果受工具、材料、制作人为因素的影响较大,天气、场地也给传统拓片的制作带来了不小的麻烦。更为重要的是,传统的拓片制作方式一旦处理不当就会对石刻文物带来毁灭性的伤害,这使得今天的传统拓片制作方式越来越受到限制,需要注入新的技术手段,使之焕发出新的活力。拓片制作的应用范围已经较之初创时有了很大拓展,在平面、浮雕、圆雕等不同领域,都有着非常活跃的不同表现。

拓片作为一种艺术载体,从古至今都受到人们的喜爱。拓片虽小,却体现出中国传统之美,如拓片的细节美、质地美、构成美,就是拓片美学价值的具体表现。今天我们所能看到来自不同朝代、不同时期的拓片,它们包含的历史信息,直接反映了那个时期的政治、经济、文化等方面内容,是科学研究的重要实物。而拓片制作技术凝结了广大劳动人民的智慧,是当代中国宝贵的非物质文化遗产的一部分。拓片是照片不可替代的,一方面是因为在某些领域拓片比照片更具优势,另一方面是拓片有照片所没有的中国文化映射下的美感。

三、计算机技术在数字拓片中的应用研究

(一)数字拓片的概念与研究目标

首先对数字拓片的概念做出明确界定,并对数字拓片研究的目标作了说明,即利用计算机数字图像处理技术实现数字拓片的自动生成。

(二)数字拓片的研究思路与方法

数字拓片研究采用"两步走"的工作思路:首先,利用现有计算机图形处理技术,结合数字拓片自身特点及其实现的要求,探索实现生成数字拓片的关键环节;然后,通过实验,寻找、修改、完善相关的算法,并创建具体的方法和流程,最终使数字拓片的生成达到一个较满意的效果。

数字拓片研究的技术路线是:实验的初期,主要以探索实现的思路和方法为主,通过与传统拓片样本进行感性的比对,建立一个粗略的数字拓片大样,然后再用理性分析的方法,对实现的关键环节进行改进,对流程和算法深化修改,逐步提高生成数字拓片的精度,当实验结果较为理想时,再从理论分析的角度,对实验进行总结,从理论说明实验结果的正确性和可行性。

研究的主要方法是:建立比对样本,提取手工拓片图像特征,为数字拓片的生成实验提供参照,并对实验结果的有效性和可行性进行判断。

(三)实现浮雕图像数字拓片的关键环节研究

此部分主要论述如何探索实现浮雕图像数字拓片的关键环节。具体过程为:首先通过分析手工拓片,找出其视觉特征;然后利用 photoshop 等数字图像处理软件,进行大量实验,生成大量数字拓片;通过将图像处理软件生成的数字拓片与手工拓片进行视觉特征的比对,选定与手工拓片相似度较高的数字拓片;通过对具有高相似度的数字拓片的逆向分析,找到实现数字拓片生成的关键环节。经过反复实验,最终创建数字拓片生成的步骤及相关参数。

(四)实现浮雕图像数字拓片的自动流程研究

此部分主要对实现浮雕图像数字化拓片生成的关键环节作深入地研究和解析,例如,选用何种方法才能实现"高反差保留"的图像处理效果? 采用何种方法才能实现目标浮雕图像的背景填黑? 以及最后又怎样除去黑色背景等。在此基础上,依托 MATLAB 程序设计,设定相应的流程,实现浮雕图像数字拓片的自动生成。

(五)数字拓片系统的实现及验证

此部分主要针对系统应用和系统验证两方面的内容作分析。为了使用的便捷,本书设计了友好的人机交互界面,并对该界面的相关功能作了简单介绍。数字拓片与手工拓片视觉特征的相似度如何,是决定设计的数字拓片系统有效性的关键所在。为了对设计的系统有效性做更客观的验证,我们制定了问卷调查表,通过对随机派送的专家型参评人的判定结果做统计,分析我们实现的数字拓片系统的精确度和相似率,以检验本研究提出的数字拓片方法的有效性和可行性。

第二章　川南宋墓石刻图式分析

第一节　造型特征

宋代川南地区相对稳定和安康的社会生活,促进了艺术的发展,石刻艺术品就是作为其中重要的内容,受到社会大众的广泛重视,具有很高的艺术水准和地域特色。从出土的宋墓石刻分析,该地区石刻有一套完整的造型体系,它既有对隋唐以来各地石刻石雕造型的吸收、借鉴的成分,也存在对本地区内特有造型符号的使用内涵,其主要特征为象征性、符号化、程式化、概括性、平面化、典型性等。

一、象征性

造型艺术中的象征性是指通过某一特定的具体形象来表现与之相似或相近的概念、思想和感情。中国传统艺术,使用象征手法非常普遍,无论是诗歌、绘画,符号文字,都讲究通过曲折委婉的表达,产生超越画面和文字本身的丰富内涵。这种根植于中国传统哲学和文化语境的表述方法,是中国传统艺术区别于其他艺术的重要特征之一。川南宋墓石刻的造型语言,就有大量象征手法的运用。

(一)形象象征造型

川南宋墓石刻中形象象征造型的主要代表是四神类石刻。四神石刻包括青龙、白虎、朱雀、玄武,它们分别代表东、西、南、北四个方位。四神是具体化的形象,方位是抽象的概念,通过四种不同形象来表达四个方位的抽象概念。(图2—1)

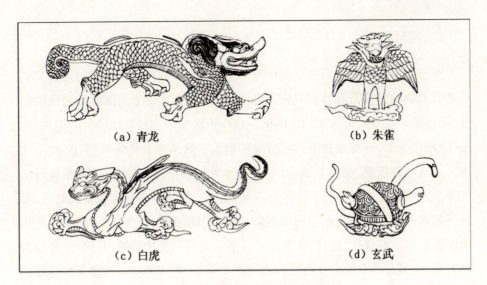

(a) 青龙　　　　　　　(b) 朱雀

(c) 白虎　　　　　　　(d) 玄武

图 2—1　川南宋墓石刻中的四神形象

(二)意义象征造型

　　意义象征造型是指在中国民俗文化中,某些形象有着约定俗成的含义,如牡丹象征富贵、石榴表示多子多福等。川南宋墓石刻的意义象征造型主要集中在动植物类型雕刻中,如石桥镇新屋嘴村二号墓石门的牡丹花卉装饰[图2—2(a)]、福集镇龙兴村一号墓石门装饰连枝花卉[图 2—2(b)]和狮子戏球[图2—2(c)]等图案,是宋代富庶人家常用的装饰图案,都有特定的吉祥喻意。

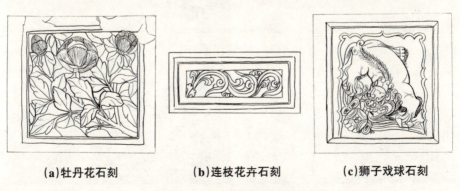

(a)牡丹花石刻　　　　(b)连枝花卉石刻　　　　(c)狮子戏球石刻

图 2—2　川南宋墓动植物石刻

二、符号化

符号化是川南宋墓石刻造型的又一大特征。它以各种生活器具为实例，石刻所刻画的并非是其客观真实的原型，而是在其基础上加工提炼而成的符号，通过各种类型的符号来构建画面。这一手法与中国传统戏曲艺术中的"砌末"应用相类似，传统戏曲中约定俗成的道具和简单布景就统称为"砌末"。①如提灯表示在夜晚、船桨表示在水上、纸伞表示在下雨、马鞭表示武将骑马出入等。选取具有代表性的器物作为道具，通过一定的平面化和图案化处理，形象而艺术地表达出石刻场景内的时间范围、空间地点、人物身份等，这就是川南宋墓石刻造型符号化的具体方式。川南宋墓石刻使用的造型符号主要分为两大类：一类是具有现实性特征的人间现实符号，另一类是具有意象性特征的非现实符号。

（一）具有现实性特征的人间符号

川南宋墓石刻具有浓郁的世俗特征，其中很重要的一个原因是石刻画面大量运用反映现实生活的陈设，并通过对简单陈设的有效组织，表现特定的生活场景。以侍仆石刻（图2—3）为例，石刻借助桌椅、屏风、帷帐等表达环境特

图2—3　川南宋墓侍者石刻

图2—4　河南白沙宋墓壁画

① 参见王彦永：《"砌末"漫谈》，《文史知识》1995年第5期。

征,空间表现较为整体概括,这种单纯、简洁的方式颇具形式感,而不同于河南白沙宋墓壁画(图2—4)中较为写实的空间表达风格。另外,桌椅、屏风、帷帐等形象虽与现实生活中物品特征吻合,但同时也具有明显的几何化倾向,是对生活实物的理想化处理。按照符号特征的不同,大致可以将川南宋墓石刻分为以下几个类型:

1. 启门类石刻

启门类石刻的造型由两部分符号构成,一是以侍者为主体的人物符号,二是门的符号。川南地区泸县福集镇龙兴村一号墓的妇人启门石刻像(图2—5),女侍形象丰润、表情端庄,内穿抹胸、长裙,外罩对襟旋袄,头绾双螺髻,右臂弯曲扶门,右门微启,右半身探出门外。女侍整体外形为竖立长条形;双扇门造型相同,为长方形,分为格眼、腰华板、障水板三部分,每部分皆有装饰,格眼装饰菊花纹、腰华板内刻连枝花纹,障水板内刻壸门,石门各部分造型分割皆为不同比例的长方形。除此之外的实例还有:川南地区泸县牛滩镇滩上村五号墓的妇人启门石刻像、牛滩镇寿尊村的妇人启门石刻像等。

图2—5　川南宋墓侍者启门石刻

图2—6　川南宋墓侍坐类石刻

2. 侍坐类石刻

侍坐类石刻造型一般由屏风、座椅、侍者三种基本符号组成,符号间比例关系不完全遵循现实生活实景,以心理的重视程度做适当的调整、改变,形成特定的画面符号比例关系。(图2—6)出土于川南地区泸县牛滩镇滩上村二号

图2—7　川南宋墓侍宴石刻

墓,是侍坐类石刻的典型样式。石刻四周刻有矩形边框,中置太师椅,左右两侧对称站立两名侍女,人物后放置屏风,屏风上端左右两侧倒斜角,底部平整,取正面平视造型。目前侍坐类石刻大多出土于牛滩镇滩上村,如一号墓的女侍石刻、三号墓的女侍石刻、五号墓的女侍石刻、二号墓的男侍石刻等。石刻皆置屏风作为背景,屏风皆选取正面平视角度,符号化造型特征明显。

3. 侍宴类石刻

侍宴类石刻的基本符号为餐桌、座椅、餐盘、食品、侍者等。以石桥镇新屋嘴村二号墓的女侍石刻像(图2—7)为例,石刻画面中布置有一桌一椅,女侍手执注子站立于坐椅旁,餐桌铺有台布,其上放餐盘,内装果品、食

(a)

(b)

图2—8　川南宋墓侍寝类石刻

物。铺有台布的桌子，主要由类似长方形和表示挂纹的数组平行圆弧线组成，座椅基本在半圆基础上加以变化，造型复杂的人物、食物亦可拆分为许多简单的符号，石刻整体布置简洁明快，装饰性强，与今天还能看到的戏曲舞台布置相类似。

4. 侍寝类石刻

侍寝类石刻由帷帐、侍者两种符号组成画面。平面的帷帐作为背景置于侍者身后，侍者外形类长方形，立于帷帐之前(图2—8)。该类型石刻有福集镇针织厂的二号墓出土的女侍像二幅。

5. 伎乐类石刻

人物和乐器是伎乐类石刻的主要符号，除此之外，根据环境不同，亦有少量变化，如川南泸县石桥镇新屋嘴村一号墓出土的两幅伎乐图，配有门形符号；该墓另一幅出土的勾栏伎乐石刻(图2—9)，则采用了不同的组合方式，其主要符号有弧形勾栏[1]、伎乐人物、乐器等。勾栏伎乐石刻表现了六位衣着华丽的青年女子立于勾栏之上吹奏、舞蹈的场景。勾栏外形似长虹当空，向上弯曲成弧形；青年女子在勾栏之上均匀排列，形成一个个竖立的长条形符号，每个人物外形形成的符号大体相似，通过动作和四肢的改变，也有个体细节的变

图2—9　川南宋墓伎乐石刻

① 参见穆凡中：《勾栏瓦舍》，河南人民出版社2006年版。

化,整体造型完整但不空洞。左起第一位女子所持鼓状乐器,形成圆形造型符号,第五位女子持长笛,呈造型特征较为明显的条状符号。

(二)具有非现实特征的天界符号

川南宋墓石刻在形象塑造中使用了许多现实中并不真实存在的符号元素。石刻技师试图通过这些神话的图形和符号,营造一个理想的天国世界。天界符号虽然在现实生活中并不真实存在,却和现实世界有着密不可分的联系,是现实世界自然景观、生活用具的神化想象产物,具有现实物的一种或几种特征。川南宋墓石刻的天界符号主要包括祥云、仙禽神兽两大类型。

1. 祥云

云是一种自然景观,漂浮于天空之中,变化多端、令人捉摸不透。云虚无缥缈的特性,正切合了人们对仙界的主观映像,使其成为人间和仙界的分别。"祥云"是古人对包含着主观吉祥意愿"云"的指称。祥云符号的使用,对墓室整体神秘庄严气氛的形成起到了强化的作用。

川南宋墓石刻中的祥云符号,与自然界的云有一定差异,是自然云与石雕作品注重体积观念的结合,既有与自然云相去甚远的厚重型体积,也有与自然云之飘逸、流畅相一致的雕刻线条。艺术作品中的祥云符号,来源于自然,又比自然之云更富表现力。祥云符号与其他符号相互协调、共同作用,形成了完整的石刻符号体系。祥云符号的使用十分普遍,作为武士像、四神像、人物故事的装饰等,但凡有表现仙界的地方,多可以看见它的出现。

祥云符号有着丰富的外部形态变化。以武士石刻为例,出土于泸县石桥镇新屋嘴村一号墓的武士石刻[图 2—10(a)],其脚下所踏的祥云雕刻风格粗犷大气,基座基本不做修饰,呈方形,仅在正面简单刻有云纹;图 2—10(b)雕刻中的祥云图案则有较强的装饰性,左右两端呈圆形,整体为倒元宝状;图2—10(c)所刻祥云为两相接圆形图案,圆形之上辅刻螺旋状云纹,造型轻盈流畅;图 2—10(d)武士像脚下的祥云整体呈倒三角形分布,纹样对称,有升腾感;图 2—10(e—h)所刻的祥云,都呈现出不同的外形变化。丰富多样的祥云符号,体现了雕刻工匠精湛高超的雕刻技艺。

2. 仙禽神兽

除祥云外,仙禽神兽也属于非现实符号。中国远古神话中,动物占据着十

图2—10　川南宋墓武士石刻中的祥云符号

分重要的地位,那些具有神力的神兽异禽,更是传说的中心所在。神兽是现实世界动物的神化,不论如何变化,总能在现实世界中找到其原型,许多神兽都是综合了现实世界中各种动物的特征而创造出来的,如龙的形象就是牛鼻、鹿角、蛇身、鸡爪、鱼鳞等符号的复合体;凤则是鸡、孔雀、雉等结合的产物。

　　川南宋墓石刻所涉及的这类雕刻主要有青龙、白虎、朱雀、玄武四神及凤、狮子等内容。

　　青龙石刻有三类风格的造型符号类型。图2—11(a)是出土于泸县潮河镇,雕刻有呈飞奔状的龙形图案,龙头在左,龙尾在右,左前足紧握宝珠,龙眼圆睁,尾部向后高高扬起。身躯左右摆动幅度较大,四足较细,属于风格飘逸、

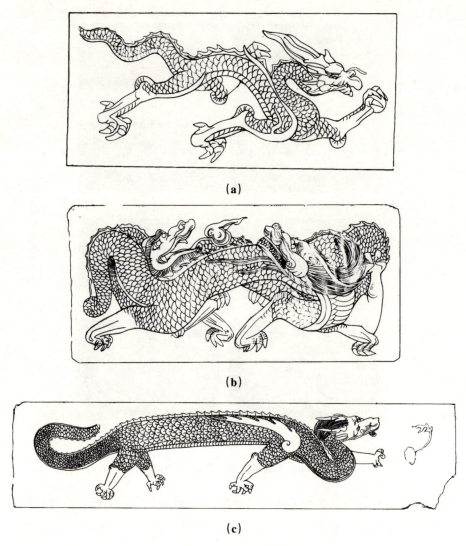

(a)

(b)

(c)

图2—11 川南宋墓青龙石刻

流畅的龙形雕刻。同属这类的青龙石刻在牛滩镇滩上村的三号、五号墓中均
有发现。图2—11(b)出土于石桥镇新屋嘴村的一号墓,该龙形图案雕刻繁复
细腻,龙嘴开张、尖牙利齿,龙身鳞甲密布,四足粗壮有力,身躯圆浑饱满,整个
形象气宇轩昂,充满力量感,属于风格厚重、结实的雕刻类型。图2—11(c)出
土于石桥镇新屋嘴村的二号墓,雕刻的龙形图案造型古拙,外形整体,较少运

用写实性刻画手法,头部带有画像砖的造型遗风,属于偏重装饰意味的雕刻类型。

　　白虎石刻从总体上讲造型符号趋于写意,与现实中虎的形象差距较大,有鳍状背脊装饰类型的细节,无鳍状背脊装饰的类型则较畅快率意。图2—12(a)是牛滩镇滩上村出土的白虎石刻,虎头线条流畅,双眼圆睁,头颈弯曲,四

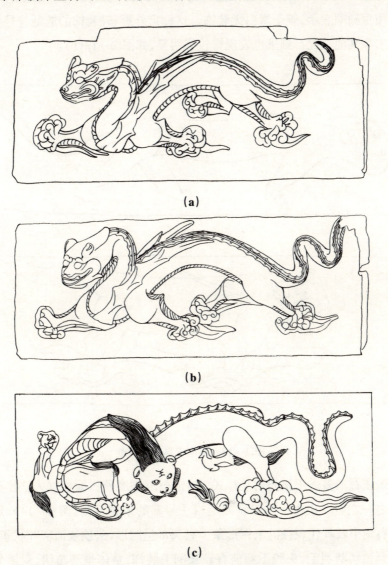

(a)

(b)

(c)

图 2—12　川南宋墓白虎石刻

足踏于祥云之上,背脊部装饰鳍状图案。其余鳍状装饰的虎形石刻造型与此大体相同,细部略有差别。如图 2—12(b)所示虎身之上刻有少许斑纹是其特有之处;图 2—12(c)则是在虎头部分刻有"王"字,以此表明万兽之王的身份。出土于泸县石桥镇新屋嘴村二号墓的白虎石刻是无鳍状背脊装饰类型的代表,如图 2—13(a)。该虎形图案塑造简洁明快、注重整体外形,头部稍作刻画,双目用重圆圈表示,躯干素白无装饰。这种重外形、轻装饰的造型符号类型在川南宋墓其他白虎石刻里也表现得较为明显,如图 2—13(b)。

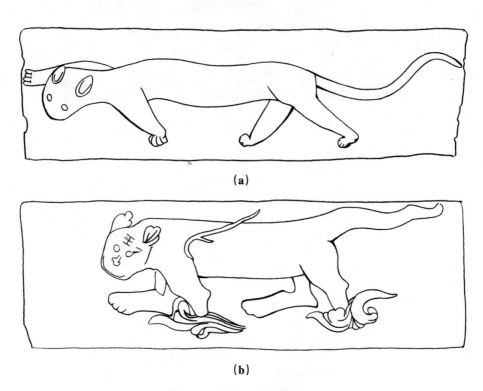

(a)

(b)

图 2—13　川南宋墓白虎石刻

　　朱雀石刻多采用正面站立样式,构图居中,图案所占面积仅为整体石面的三分之一左右。出土于牛滩镇滩上村一号墓的朱雀石刻(图 2—14),是川南宋墓石刻中较具代表性的朱雀形象。它头部呈圆形,头顶装饰柳叶状雀冠,躯干雕刻鱼鳞状羽毛,头颈下胸前有较长羽毛装饰,整体呈鹿角状,双翅分别向左右展开,每只翅膀分层雕刻羽状装饰,共分三层,两足立于云纹基座之上。

朱雀石刻一般由三个基本造型符号组成:头和躯干形成的纵向体块为第一造形符号,左右张开的双翼为第二造型符号,足下所踏祥云基座为第三造形符号。

图 2—14　川南宋墓朱雀石刻

图 2—15　川南宋墓玄武石刻

　　玄武主北方方位,一般雕刻在墓室横梁位置,雕刻的主体图形在石面所占比例与朱雀石刻相似,约为三分之一,图形居中,其基本形象为龟蛇相互缠绕。出土于牛滩镇滩上村一号墓的玄武石刻(图 2—15)装饰在墓室横梁部位,与朱雀石刻相对应。龟头颈部前伸,目视蛇首,龟甲四周刻裙边装饰,四足平伸,立于祥云基座之上,蛇首雕刻为龙头的样式,蛇身细长,缠绕于龟甲身体之上,尾部向后拖出并高高扬起。玄武石刻造型以线、面两种符号相互结合为

27

特点。龟甲和祥云符号相互连接,组成一个外形整体的块面,蛇身和龟的头颈较细,多为线条状,由块面中伸出,形成线、面有机结合的形态。

　　凤是一种现实生活中并不真实存在的禽鸟,有吉祥的寓意,凤鸟的出现往往预示着国运昌盛、家族兴旺,在传统吉祥图案中具有很高的使用频率。川南宋墓石刻中的凤纹雕刻,常用于装饰石门的格眼部位。出土于福集镇龙兴村一号墓的双凤石刻,如图2—16(a),雕刻细腻,凤头线条流畅,双翅张开做飞行状,尾部细长富于动感,双凤头尾相连,形成视觉上的回旋流动。它们通常作为假门石刻格眼部位的装饰图案出现。而图2—16(b)中凤纹造型方式与图2—16(a)基本一致,单凤外形为半月形,双凤合为圆形,整个图案为圆形适合纹样。

(a)　　　　　　　　　　　　　　　(b)

图2—16　川南宋墓双凤石刻

　　西域狮是古代真实存在的动物,于清中后期绝迹,中国吉祥图案中的狮,是在以西域狮为原型的基础上,结合藏獒、哈巴狗等动物的外形特点,想象加工而成,亦是一种神兽,具有吉祥的意味。出土于福集镇龙兴二号墓的狮子戏球图,为石门障水板内的装饰图案。狮子头部雕刻的细节丰富,两眼圆睁,鬃毛排列似海涛。狮身躯干部分在方形障水板内,呈对角斜线分布,有较强装饰性,见图2—17(a)。图2—17(b)中石狮为武士足下基座,用高浮雕手法雕刻

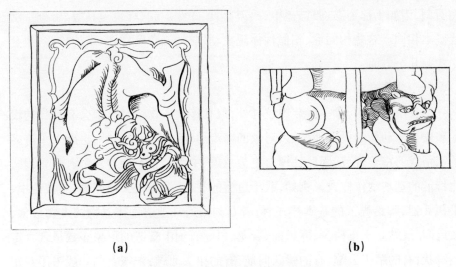

(a)   (b)

图 2—17 川南宋墓石刻狮子形象

而成,头部装饰丰富,四足粗壮有力,鬃毛排列的运动感较强,背脊部分有丝毛,外形整体,略呈方形。

三、程式化

程式化是川南泸县宋墓石刻造型的又一特征。石刻作为一门民间艺术,凝聚了同一时期、同一区域内工匠们的心血。石刻是一项强度很高、难度很大的工作,非一人之力所能完成,必须依靠集体的智慧和力量,相互协作,共同参与。集体制作的方式决定了石刻必须反映大家所公认的艺术情感和审美理想,从而形成了一些相对固定的表达方式,例如什么样的造型应该运用在什么地方、什么样的形象应该采用什么雕刻手法等,都有约定俗成的标准。这些约定俗成的标准,使川南宋墓石刻的造型带有程式化的特征。另外,工匠们师徒口手相授的教学方法,也是泸县石刻技法和审美观念得以传承的基础。师傅们将前人的制作经验和审美理念加以总结,并结合自身实践,对传统观念和制作方式进行优化、改良,最后以"规矩"的形式,传授给新的石刻工匠,成为新的创作标准和式样。这些为大家所认同和遵守的众多"规矩",就是川南宋墓石刻的程式化特征。

川南宋墓石刻,在许多造型样式上都有明确的规定。各墓中出土的同类型石刻,诸如手部姿态、服饰盔甲、兵刃器具、踏座形制、环境道具等,雕刻手法皆基本相同。这些相同性、相似性体现在动作样式、角度样式、结构样式、组合样式等几个方面。

(一)动作样式

泸县宋墓石刻,除一些装饰纹样外,但凡涉及人物、动物,都会有动作的设定和安排。动作的设定,除了以对象的客观运动属性为参照外,也融入了许多约定俗成的审美规范,因此处理上更为意象、主观。各类型对象都有包含程式化特征的基本动作样式。例如,武士造型的石刻,大都是头戴兜鍪,身披铠甲、手执兵器,脚踏祥云的基本样式;侍者石刻则通常塑造手捧器物的人物形象,或启门,或站立于桌椅旁、屏风前;青龙、白虎石刻中塑造的形象多数呈现奔走飞舞状,有的踏于云端,有的腾跃向前,有的扭头回顾;朱雀石刻一般采用双翅展开,双足立于云朵上的造型。玄武石刻里是龟蛇盘绕回望顾盼的呼应动作、瑞鹿口衔仙草欢快奔跑的形象、狮子戏球一跃飞身扑向绣球的瞬间姿态,也都是精心设计的动作样式。

1. 执兵器动作

武士石刻是川南宋墓石刻中较有特点的石刻类型,武士手执兵器动作,主要包括杵、抱、提三种常见的类型样式。

杵式执兵器是指武士单手和双手放于胸前,并杵按住躯干前兵器的动作样式。泸县青龙镇一号墓墓门右侧的武士石刻,正面站立,双目圆睁,平视前方,手左右双臂向内弯曲,至腹部前方呈交叠状,右手于下杵按住斧头,左手扣握在右手腕上。这种持兵器的动作最为常见,造型左右相对对称,较有庄严、肃穆的氛围。见图2—18(a)。泸县青龙镇三号墓墓门右侧的武士石刻,高1.61米,身体稍朝向右侧,面部肌肉紧张,双眉上扬,两眼圆睁,右手提抓一小鬼,左手自然下垂,单手杵按斧头,斧头端在上,斧柄斜立于双脚间基座上。图2—18(b)。采用杵式兵器执法的武士石刻还有泸县青龙镇一号墓墓门左侧的武士石刻、青龙镇三号墓墓门右侧的武士、石桥镇新屋嘴村一号墓右侧武士石刻、喻寺镇南坳村出土的左、右侧武士石刻、牛滩镇滩上村四号墓出土的武士石刻、牛滩镇玉峰村施大坡二号墓墓门左、右侧的武士石刻、石桥镇新屋嘴村二号墓右侧的武士石刻等,见图2—18(c)。

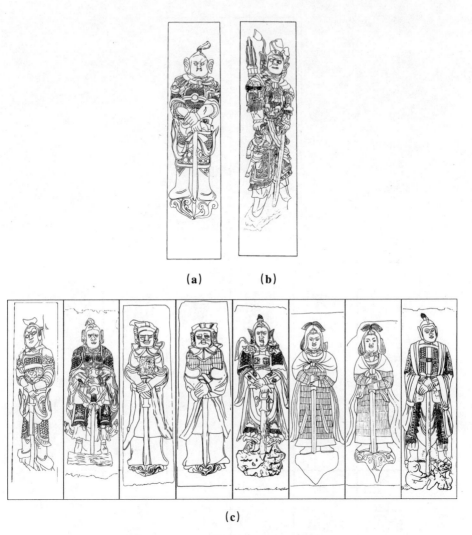

图2—18　川南宋墓武士石刻（杵式）

　　抱式执兵器是指武士双手于腰腹部前方抱住兵器，并使其竖立于躯干前方的动作样式。以奇峰镇一号墓墓门左右侧的武士石刻为例，左侧武士整体略向左偏移，头戴有凤翅装饰的头鍪顿项，顶部装饰璎珞，身着铠甲战袍，衣纹、璎珞线条流畅，有当风飘舞之感，武士双手交叉握住剑柄，剑锋向上竖立，立于身体前方，顶端高过头顶。右侧武士造型的整体风格与左侧武士一致，双眼圆睁，鼻孔微张，身着铠甲，四肢粗壮有力，身体肌肉紧张，略朝向右侧，双臂

(a)

(b)

图 2—19　川南宋墓武士石刻(抱式)

弯曲,双手交于胸前握短斧,斧头朝上,斧刃向右,斧顶端高于头部。左、右侧的武士像石刻皆为使用抱式执兵器的动作样式,见图2—19(a)。采用抱式兵器执法的武士石刻还有青龙镇二号墓墓门右侧的武士石刻、喻寺镇一号墓墓门左右侧的武士石刻、奇峰镇一号墓墓门左右侧的武士石刻、奇峰镇二号墓墓门右侧的武士石刻、集福镇针织厂一号墓墓门左右侧的武士石刻、牛滩镇滩上村五号墓墓门的武士石刻、集福镇针织厂二号墓墓门左右侧的武士石刻、牛滩镇滩上村二号墓墓门左右侧的武士石刻、牛滩镇滩上村一号墓墓门左右侧的武士石刻等,见图2—19(b)。

提式持兵器是指武士单手握兵器,兵器与地面保持一定距离,并向斜下方或斜上方伸出的动作样式。出土于泸县牛滩镇滩上村三号墓的女武士石刻,表情严肃、形象英武,人物正面站立于祥云基座之上,作左右对称分布。左侧武士头戴兜鍪,鍪下有绦带,系于颏下,绦带两端向上飘起,身着铠甲,外罩战袍,左手握住腰间飘带,右臂自然弯曲,右手握住兵器,兵器自右手向斜下方伸出,并与地面保持一定距离,为典型的提式握兵器法。右侧武士细眉杏眼、面庞丰润,头戴兜鍪,身着铠甲,外罩战袍,右臂自然弯曲,左手轻握于右臂近手

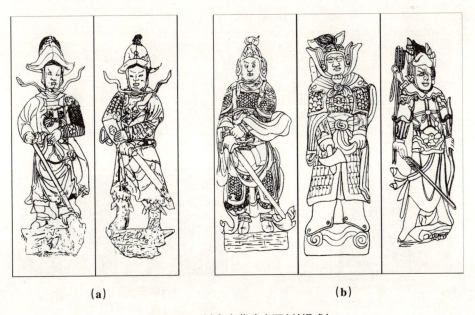

(a)　　　　　　　　　　　　　　(b)

图2—20　川南宋墓武士石刻(提式)

腕处,右手握剑柄,剑锋向左下方伸出,剑身于地面保持一定距离,亦为提式握兵器法,见图2—20(a)。使用该动作样式的石刻还有奇峰镇二号墓墓门左侧的武士石刻、石桥镇新屋嘴村一号墓墓门左侧的武士石刻、福集镇针织厂二号墓墓门的武士石刻等,见图2—20(b)。

(a) 脚尖朝前

(b)脚尖朝左右:一字

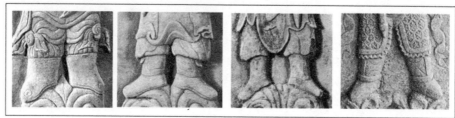

(c)脚尖朝左右:八字

(d)脚尖朝一侧:平行

(e)脚尖朝一侧:八字

图2—21 川南宋墓石刻双足样式

2.双足动作

双足动作,是动作样式的一部分,川南宋墓石刻人物的站立姿势,双脚多数呈正面平行站立或八字形分布,亦有部分呈一字形的情况,见图2—21。

表2—1　川南宋墓石刻双足动作分析表

足尖朝向		代表石刻	对传统拓片制作的影响
足尖朝前		石桥镇新屋嘴村2号墓武士石刻、牛滩镇滩上村4号墓武士石刻、牛滩镇滩上村1号墓左侧武士石刻	浅浮雕足尖朝前的类型,在拓片中呈现三角形或元宝形图形;高浮雕足尖朝前的类型,在拓片中为点状突起,足尖四周部分损失严重,由于空间起伏较大,容易造成拓片变形。
足尖朝左右	一字形	青龙镇1号墓右侧武士石刻、福集镇针织厂1号墓武士石刻、福集镇针织厂2号墓武士石刻	足尖朝左右的动作类型,对拓片制作的影响要小于足尖朝前动作类型,在高浮雕中表现得尤为明显。呈一字形展开的足部在拓片中信息保留得最为完整,呈八字形分布的足部拓片制作时会有些损失,足与石基平面深度越大,信息流失越大。
	八字形	牛滩镇滩上村2号墓武士石刻、奇峰镇2号墓武士石刻、牛滩镇玉峰村施大坡2号墓武士石刻	
足尖朝一侧	平行	青龙镇2号墓右侧武士石刻	足尖朝一侧的动作类型,对拓片制作的影响与足尖朝左右的动作类型相似。两足越趋于平行,越不容易造成拓片信息流失和拓片变形。八字形分布时足尖与石平面深度越大,信息损失越大,亦更容易变形。
	八字形	奇峰2号墓右侧武士石刻	

(二)角度样式

受审美习惯的影响,川南宋墓石刻基本不采用顶视和俯视角度,也避免塑造成角透视状态下的人物、道具等形象。与此对应,正面平视、侧面平视的使用较为频繁。这一规律也是川南宋墓石刻角度选择的程式化表达方式。

1.正面平视

武士、侍者等肖像式的浮雕石刻,绝大多数采用正面平视角度造型。出土于石桥镇新屋嘴村二号墓的武士石刻,武士双目圆睁,表情威严,身穿铠甲,手持宝剑,是川南宋墓石刻中武士形象的经典样式。该石刻采用平视角度,武士

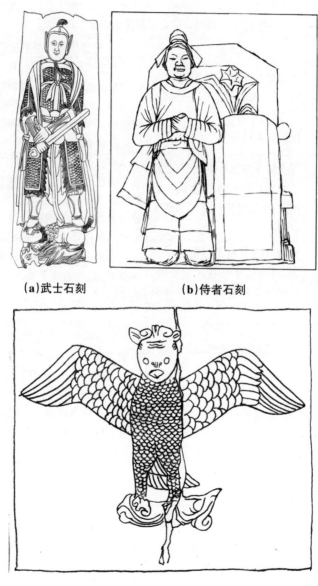

(a)武士石刻　　　　　(b)侍者石刻

(c)朱雀石刻

图 2—22　川南宋墓石刻中的正面平视形象

面朝正前方,左右造型相对对称。见图2—22(a)。出土于福集镇针织厂一号墓侍者石刻,塑造了一男侍站立于椅旁,双手交合手施礼的情景。男子头部以鼻为中心,左右对称,左右肩臂部外形由圆转自然,也为对称分布,腰带正中装饰团花纹样,圆领长襦下部为左右对称的梯形结构,腿部穿宽裤,脚、腿形状也呈左右对称状。该男子形象是正面平视造型的又一代表。见图2—22(b)。四神石刻中的朱雀也是采用正面造型方式。出土于牛滩镇滩上村三号墓的朱雀石刻正面站立,头部以尖喙为中心左右对称,其后雕刻六根雀冠羽,身体为椭圆形,装饰鱼鳞状羽毛,两足粗壮有力,两翅张开,与身体形成十字形分布。朱雀正面及部分斜侧面可见,顶面、底面及后面均为不可见之面,其视觉特点是正面平视中所特有的,见图2—22(c)。川南宋墓石刻中的桌、椅、屏风、帏帐、门等陈设物品,也采用正面平视的角度样式。

　　2. 侧面平视

　　青龙、白虎石刻,在四神石刻中占有很大比重,多采用侧面平视角度样式。图2—23出土于福集镇针织厂二号墓的青龙石刻,头部朝左,鼻高高扬起,眼圆睁,口微张并含宝珠一枚,颈部弯曲,躯干圆浑,四肢粗壮,尾部卷曲。整个龙形图案从左自右平面铺开作奔走状,形体无重叠,为正侧面平视的视图。眼、角、口鼻部等皆为一侧造型,躯干四肢也只表现一侧。川南宋墓石刻中有部分青龙、白虎造型为正面头与侧面身相结合的样式。图2—24白虎石刻,虎头以正面视角表现,作张望状,双目圆睁,目视下方宝珠,头上长鬣助势向上扬起,左侧前后足踏于祥云基坐之上,右前足上举宝珠一枚,形象开张,具

图2—23　川南宋墓石刻中的侧面平视形象(青龙石刻)

图 2—24　川南宋墓石刻中的侧面平视形象（白虎石刻）

有动感。整个虎型有前后折叠遮挡关系，但主体仍为一侧面平视展开样式。

（三）结构样式

川南宋墓石刻中结构样式是指雕刻的桌、椅、门等物件的程式化结构形式。下面以门为例加以说明。

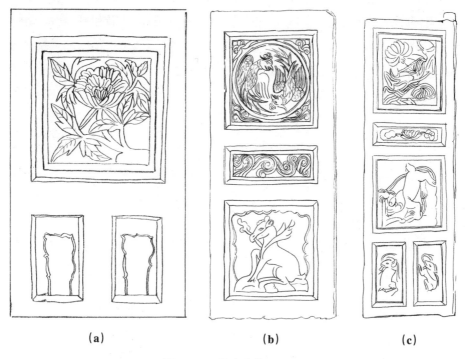

　　　（a）　　　　　　　　　　（b）　　　　　　　　　　（c）

图 2—25　川南宋墓石刻门

1.分格结构

除了大量侍者启门的石刻外,川南宋墓石刻中还有相当数量的仅以门作为表现主体的雕刻作品。这些石刻门分为单扇、双扇两类造型样式,且均以分格结构形式出现。一般自上而下可分为格眼、腰华板、障水板等几部分。三格式门较普遍,除此以外也有少量二格、四格的结构样式存在。二格式石刻门仅雕刻出上段格眼和下段障水板,中间的腰华板部分不作雕刻;四格式石刻门则是在障水板部位增加一层装饰隔板。见图2—25。

2.门饰

石刻门的装饰是在各分格结构内雕刻祥瑞图案,这些图案主要有:花卉、鸟禽、兽类、壶门、如意及几何花边等纹饰。其中花卉图案以牡丹、芙蓉、荷花、菊花、月季等为主;动物有狮、鹿、虎、兔、凤等。各类祥瑞图案在位置分布上都相对固定,且遵循一定的模式:上部方形格眼内多雕刻折枝花卉、鸟禽、球纹格等内容;下部障水板则主要雕饰狮子戏球、瑞鹿衔草、如意、壶门等以动物为主的吉祥图案;中间腰华板部分,则主要雕刻连枝卷草纹及部分花卉纹样。以图2—25(b)为例,上部格眼装饰双凤图案,腰华板装饰卷草纹,下部障水板雕鹿形瑞兽,口含仙草,是石刻门装饰的典型样式。

(四)组合样式

中国艺术十分排斥对自然的完全照搬,川南宋墓石刻对此也有相同的审美意识。工匠师制作石刻时,会将自然环境与自身的主观意愿有机结合,以意象的方式对石刻中各类造型符号进行安排组合,使这些符号在组合方式上具有很强的程式性特征,成为较典型、固定的符号系统。

武士石刻以头戴兜鍪、身披铠甲、手执兵器、脚踏祥云或神兽的形象,构成了武士石刻的典型造型样式。所执兵器包括斧、剑等,造型庄重威严。侍者石刻注重选择门、桌椅、屏风、帷帐等现实生活中不同场景的典型陈设来与之进行组合,从而形成启门、侍坐、侍宴、侍寝等丰富多样的石刻主题画面。侍坐石刻通常采用中心对称的样式,中间为座椅,两侍者分立于左右,它们的背后是一块宽大的屏风,将三者形象有机地统一起来。青龙、白虎、朱雀、玄武四神石刻,配搭祥云,营造了玄幻的气氛。青龙石刻、白虎石刻多采用横构图方式,既适应了青龙、白虎自身的形体特征,又符合创造宽广视野的心理需求。除了利用典型符号进行组合外,川南宋墓石刻一般不出现其他器物符号,造型因素较为单纯,因而形成了简洁、明快的画面特征。

川南宋墓石刻总体上呈现出肃穆沉静、含蓄敛收、不事张扬的风格,这也是时代审美的彰显,这种风格的形成,有赖于相对完善和系统的符号组合样式。即便是手持强兵利刃的武士,也是通过形体间微妙的动作、含蓄的表情来体现出温和敦厚的色彩,这种动作表情的设定,几乎贯穿了所有出土的武士石刻,形成了时代性的模式化。侍者石刻中的双侍石刻,几乎都采用正面平视物品不断叠加的方式构建画面,以最为朴素自然的处理手法,取得了画面的平衡感和稳定感,从而传达出和谐之美、沉静之美与安详之美。

四、概括性

川南宋墓石刻的造型处理具有整体概括的特征,这一特征是传统哲学在造型艺术上的直接表现。传统哲学认为,世界是一个被称为"混元"的整体,世间万物都是它的组成部分,但却也有自己相对独立的完整性,是一个个包含于其中的"小世界",即使是小到一粒沙尘,也是"三千大千世界"。这种认识观使古人眼里的任何事物都具有封闭性、完整性,表现在艺术上就是崇尚完美的审美追求。

在这一审美理念下,川南宋墓石刻在造型上追求完整,除特殊需要外,基本不选取半截身子、半个头的不完整形象,即使雕刻折枝类花卉装饰,也需要运用一些技术手段使其看上去是一个整体、是完整的。

重外形是川南宋墓石刻造型整体概括性特征的又一具体体现。川南宋墓石刻的主体形态的塑造多采用剪影造型手法,无论是武士、侍者还是神兽图案,都以平面化的剪影效果出现。石

图2—26 川南宋墓武士石刻

刻工匠师选取最具代表性的姿态,使物象的外形整体且特征鲜明。

　　以武士石刻为例,石刻内部形态关系十分复杂,雕刻细腻生动,刀工变化十分丰富,但这些丰富的内部变化元素却并未对外形轮廓产生破坏作用,而是被外形严格的界定,使武士石刻形成一个相对统一的团块,而从背景石的平面中凸显出来。如图2—26所示的石刻出土于石桥镇新屋嘴村,武士头部向右微偏,左手按短柄斧,右手握左手于胸前,正面站立于石狮基座之上,造型生动细腻。石刻秉承了宋代石刻的刀法精致、细节丰富、装饰繁密的特征,盔甲和战袍刻画得很到位,充分表现了它们的质感,同时也体现了疏密变化的秩序之美,是程式化造型手法和世俗化特征的完美结合。丰富的细节刻画并没有掩盖武士造型完整浑厚、突出大面积体块、强调整体的倾向。武士双臂紧贴身体,四肢与身体之间的没有出现大的空隙,双肩线条平缓圆润,形成一个明确的外轮廓,与背景反差明显,整体人形从背景中凸出来,威猛、敦厚的形象遂呼之欲出。这一造型方式与唐代飞扬的风格截然不同。武士脚踏的狮子造型基座,造型具有高度的概括性,整体呈四方形,外轮廓平实有力,给人以鲜明生动的视觉冲击。

　　造型饱满、外形整体是川南宋墓石刻造型的普遍特征,具有很强的美感。饱含了石刻工匠师的高度提炼与精心设计。

五、平面化

　　毫无疑问,川南宋墓石刻中的空间表现来源于客观现实世界,但与西方传统雕塑的空间表现相比较,却有很大差异。西方传统雕塑的空间表现基本是对现实空间的再现,具有写实特征。中国传统石刻的空间表现是现实客观空间与非现实心理空间的有机统一,具有强烈的表现性、示意性。它不在于对真实空间关系的再现,而是根据表现对象的社会地位、身份特征等内容作重新排序,而对现实空间关系进行修正,形成具有传统审美特征的造型空间样式。传统石刻造型物体的大小安排,并不遵循焦点透视下远近大小的变化规律,而是根据物体的重要性来确定,一般来讲,主要人物最大,次要人物依次递减,草木、花卉则最次,因此往往形象简略且较小,形成"人大于山,水不容泛"的画面格局。(图2—27)所示石刻出土于川南泸县石桥镇新屋嘴村一号墓,雕刻主体为骑虎男子,男子头戴巾帽,左手团扇,右手作剑指,并指向斜上方,一幅儒雅仙人模样,老虎四足立于山岭之上,两眼圆睁,健壮强悍。人、虎连为一体,成为整幅浮雕的视觉中心,造型占了整个石刻三分之二的面积;右侧三只奔虎为一组,为画面第二主体,三虎由近而远有近大远小的变化,但整体与骑虎男子间的大小变化却不以实际透视情况为准则,而塑造得大了许多;山顶有一向左方张望的男子,是第三主体,其大小亦比实际透视情况下要大;处于次要位置的山石,则整体上作了图案化处理,形体较小,以至于虎大于山,根本奔跑不了。但从另一角度分析,该石刻人物山水的比例大小却十分符合人们的心理感受,主要人物、次要人物一目了然,其空间结构对故事内容的表达起到了恰如其分的作效果。

图 2—27　川南宋墓人物故事石刻

那么传统审美观下的造型空间样式是以什么方式来表现客观空间的呢?线面结合是川南宋墓石刻造型的又一特征,也是其空间表现的重要手段。线面结合的手法在这一地区的高浮雕石刻和浅浮雕石刻中都有广泛的运用,这一手法的具体运用方式是:通过体块的前后遮挡,表现出前后空间,然后通过不同质感、不同排列方向的线条对形成的前后空间关系进一步加强。在这一过程中,体块的相互重叠,并不需要如真实空间中那样的巨大变化,而只要有相对的轮廓前后叠加关系即可,也就是说,即使两个物体高于石基平面的高度相同,但只要在轮廓线上存在前后叠加,这两个物体就有前后变化。图 2—28 所示是一幅以高浮雕手法完成的青龙石刻,出土于泸县牛滩镇滩上村二号墓,首先通过形块起伏变化,区分出形象与背景石面,这一体块高度的变化是整幅石刻中最大的,通过较小高度级差的形块变化,龙首与龙足、躯干、祥云等部位的空间关系被一种微妙但清晰的方式呈现出来。线的介入加强了这一空间关系,以龙首为例,龙鼻、龙嘴、额部、龙角等基本上是在一平面上,所采用的线是以塑造轮廓为主,眉略高出一些,装饰平行曲线,嘴角部分虬须略低于此平面,刻放射状短直线,这三个不同高度的面形成实、虚、实的线条装饰格局。通过相邻区域虚、实相间的手法运用,青龙各部分的空间关系被示意性的放大,从而形成高度差异很小但空间层次却十分丰富的艺术效果。图 2—29 所示是一幅浅浮雕作品,所塑造的飞天形象与石地之间的差异非常小,石地为无起伏平面,飞天仅整体略高于石地,且各部分起伏变化。但飞天仍体现出了较好的层次变化,这与装饰于飞天各部分的线条有直接的关系。以左手、飘带、衣裙三者关系为例,手造型最为完整,故手在最前,飘带被塑造手的阴刻线条所切断,故从空间关系上分析,飘带位于手之下,同时,表现飘带的阴刻线条又切断了衣裙的线条,因此飘带又位于衣裙之上。由此可见,虽然三者形块没有实际高度上的变化,但通过线的相互遮挡关系,亦有上下空间的表现。线面结合的表达方式,形成了川南泸县宋墓石刻造型的平面化特征,这一特征与中国传统绘画有着密切的联系,是一种具有中国传统文化特色的空间营造方法。

图 2—28　川南宋墓青龙石刻

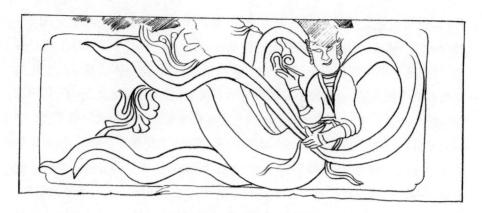

图 2—29　川南宋墓飞天石刻

第二节　构图样式

川南宋墓石刻的构图样式主要包括框形结构、背景留白两种方式。

一、框形结构

川南泸县宋墓石刻在图像语言中存在许多"框形结构"的运用。人物、鸟兽或花卉等内容被放置在一个框形结构中,运用在侍仆石刻、乐舞石刻、门石刻以及仿木结构建筑部件上,通过大小不同、形状各异的"框"来分割空间,形成有序而丰富的视觉层次。

(一)边框的基本样式

石刻的边框样式主要包括矩形框、圆形框、菱形框、三角形框、壶门形框等。

1. 矩形框

在川南泸县宋墓石刻中,矩形框是最普遍、最基本的边框样式,它包括正方形框和长方形框两类。矩形框既是一幅画面的边界,也是画面不可或缺的视觉组成元素。边框有机地融入画面的整体结构之中,与其他内容所呈现的几何形块相结合,通过曲直、大小、长短等对比关系产生美感。如出土于石桥镇新屋嘴村一号墓的女侍石刻(图 2—30),画面即构筑在一个长方形的框形结构中。左右两侧较宽的边框与桌、椅等陈设器物的方形几何块面相互呼应

图 2—30　矩形框结构（女侍图）　　　图 2—31　圆形框结构（菊花图）

协调,人物、团扇则以圆弧形造型特征与之形成对比,避免了过多矩形带来的
单调感。矩形框是泸县宋墓石刻的一种基本装饰样式,牛滩镇滩上村一号和
三号墓及奇峰镇二号墓中的单扇门石刻皆采用了这一手法。

　　2. 圆形框

　　圆形框也是框形结构的一个重要内容。川南泸县青龙镇二号墓墓室的左
右两壁后部,建有对称的仿木结构门。左侧门上部格眼内雕刻一个直径为
0.37 米的双线圆圈,其中浮雕一朵折枝式菊花,圆圈外侧刻有波状形的卷草纹
分置于上下左右四角。石刻工匠师注重运用颇具流动感的曲线构建画面,使
图案在整体视觉效果上呈现出阴柔之美(图 2—31)。

　　3. 菱形框、三角形框

　　在川南泸县宋墓石刻中,菱形框、三角形框虽然数量较少,但也是十分重
要的结构形式。它们多装饰于横梁、过梁等视觉上较为次要的部位,内容以动
植物图案为主,如石桥镇新屋嘴村二号墓出土的浮雕双凤图石刻(图 2—32)、
喻寺镇一号墓长条形阑额中的双线菱形牡丹装饰等均是这两种框形结构的代
表。菱形和三角形边框的使用,构造了更为丰富的图像视觉效果。

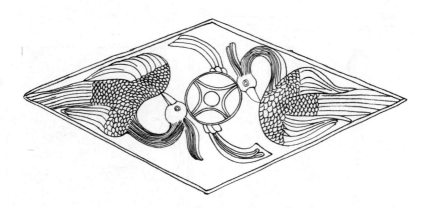

图 2—32　菱形框结构(双凤图)

4. 复合几何框

川南泸县牛滩镇玉峰村施大坡一、二号墓出土的四块飞天石刻,展示了另一种不同于以上任何一种单调边框的复合几何框形结构。该组石刻采用了变体长条形边框,在长矩形框的基础上于四角加云纹进行软化和丰富,改变了单一矩形框带来的生硬感,也满足了建筑构件的外形特征限制,具有独特的装饰效果(图 2—33)。复合几何框形结构是川南泸县宋墓石刻中框形结构的重要组成部分。

图 2—33　复合几何框结构(飞天图)

(二)边框的组合样式

川南泸县宋墓石刻十分重视多重框形结构的组合配置,其基本样式为"二层套叠"。它的框形结构按照外层边框——内层边框——视觉中心的顺序进行叠加排列的画面构成形式。其中,外边框基本为矩形框,内边框即第二层边框具有很大的可变性,可以是矩形框,亦可是圆形框、菱形框或其他框形样式。框形套叠使石刻图像结构的变化更复杂。

1. 矩形框与矩形框的套叠

川南泸县石桥镇新屋嘴村二号墓的乐舞石刻上方的花鸟图案,即是一个多层矩形框叠加装饰的例子(图 2—34)。花卉图形周围采用了两层矩形框相套叠,外层方框结构简洁,内层方框呈内 45 度倾斜,内加一条矩形装饰线条,既富有立体层次,又显精巧。福集镇针织厂一、二号墓出土的四块门石刻,方形格眼四边的装饰也采用两矩形框叠套的方式组织边框,且内外边框有较大的宽窄差异,形成疏密对比,居于画面视觉中心的花卉图案具有较强的视觉冲击力。

2. 矩形框与圆形框的套叠

矩形边框加圆形边框的"二层套叠"样式主要装饰在石刻门上部格眼部位。"夫妻好合图"[图 2—35(a)]使用以矩形框作为外层框状结构,加内斜 45 度线条,其内再叠加圆形框,框内侧雕刻有夫妻二人,手持元宝、玉笏等物,立于云端,面部表情甜美安详。采用此边框形制作的石刻还有泸县福集镇龙兴村二号墓出土的单扇石刻门上部格眼的装饰"双凤图"[图 2—35(b)]。

图 2—34 矩形框的套叠(仙鹤图)

　　(a)夫妻好合图　　　　　　　　　　　　(b)双凤图

图2—35　矩形框与圆形框的套叠

　　3.矩形框与壶门形框的套叠

　　矩形框与壶门形框的套叠配置,大多装饰在石刻门下部障水板中。壶门分为双线壶门、单线壶门两种形式,壶门内多浮雕狮子戏球、瑞鹿衔草等吉祥图案,亦有直接在方形框内雕刻空壶门框而不作其他雕饰的情况。泸县福集镇龙兴村一号墓的单扇门石刻,下部障水板装饰的"狮子戏球图"(图2—36),即采用此边框套叠方式。

图2—36　矩形框与壶门框套叠(狮子戏球图)

(三)隐性边框结构

川南泸县宋墓石刻还存在大量隐性边框。石刻工匠师巧妙地利用各种实物来构建框形结构,多把写实的雕刻风格和略带装饰性的外形有机融合,呈现出较为明显的几何分割特征。用物体的整体外形在客观上起到了边框的作用。泸县福集镇针织厂二号墓的妇人帷帐图石刻[图2—37(a)],两侧和上方刻有垂帐,中间一妇人作叉手状站立。从整体形式上看,帷帐的矩形外形巧妙地充当着画面隐性内框的作用;另外,帷帐的内部造型也呈现出明显的矩形分割。相同的处理方式也出现在福集镇龙兴村一号墓出土的妇人启门像石刻中[图2—37(b)],石刻工匠师将门的结构与矩形边框的分割有机地结合起来,使石刻门成为一种形式独特的隐性边框。

(a)妇人帷帐图　　　　　　　　(b)妇人启门图

图2—37　隐性边框结构

(四)框形结构的内涵

中国文化讲究自成体系、相对完整,认为万事万物既相互联系,又各自封闭独立,这种对宇宙、对世界的朴素认识,影响到传统文化的各个方面。长城、四方形的城郭、三进四落的民居宅院,皆源于此。框形结构的使用,是这一思想在艺术上的直观反映。从现存春秋时期的器物装饰中,可以看到大量图案

49

在框形结构中的平列、填充。川南泸县石刻中框形结构的使用,是春秋时期构图形制的继承。此种构图方式使具有较强写实因素的画面\发散出突出的装饰意味,从而体现出中国艺术的独特性。

从另一个层面上讲,框形结构也折射了古人对美好生活的追求与向往。中国古代的绘画和雕塑,通常都是造型完整、构图饱满、立意吉祥,很少出现不完整的"半截人",故完整性和圆满性是其很重要的追求。框形结构可以使石刻各部分都相对完整,符合人们的审美习惯,基于此,川南泸县石刻中大量框形结构的出现也就有其必然性。

二、背景留白

留白是中国传统文化影响下特有的艺术表达方式。传统艺术中的诗歌、戏曲、绘画中都有留白创作手法的巧妙运用,所谓"言有尽而意无穷"[1]就是对留白手法的形象描述;戏曲中借助一个小小的道具展现千里之遥的宽广距离,也是一种留白手法的运用;绘画中大量未画的空白部分,非但没有让人感到残缺,反而增添了想象的空间,更说明了留白对于传统造型艺术的重要性。

从渊源上看,墓葬石刻源于画像砖。画像砖是一种建筑构件,汉代十分兴盛,四川地区的汉代画像砖,有着比较鲜明的地域特色,雕刻手法上大多采用拟浮雕方式。画像砖呈现出整体化倾向,很少通过细节的描绘来传情达意,这与当时画像砖制作水平有很大的关系。画像砖的制作,一般采用压模或描绘的办法,在半干的泥坯上刻印出图案来。从其过程可以看到,画像砖对印制技术有着很高的要求,稍不小心,就会将印制好的线条磨平。技术条件的限制在客观上促进了汉代画像砖朝着重外形的风格方向发展,使得留白手法成为突出主体形象的重要手段。除此之外,这种剪影式人物和背景之间形成的明确分割形式也与汉代轻细节重整体的时代审美特征相一致。有关于此的论述非常普遍,如在《淮南子》一书中,就有"谨毛而失貌"[2]的记载。就艺术风格而言,川南宋墓石刻形象饱满、细节丰富,雕刻手法细腻,具有写实性特征和世俗化倾向。这与汉代画像砖大气率性的雕刻风格截然不同,但在人物和背景关

---

① 陈定玉辑校:《严羽集》,中州古籍出版社1997年版,第4页。

② 杨有礼注说:《淮南子》,河南大学出版社2010年版,第568页。

系的处理上,却又与之有着异曲同工之妙。

　　川南宋墓石刻采用留白手法的内容十分丰富,具体类别包含:武士石刻、四神石刻、乐舞石刻、花卉石刻、瑞禽瑞兽石刻等。背景留白创作手法的运用,使浮雕图形与背景的关系得到了强化,疏密对比效果强烈。从图像特征来说,形成了主体和背景两个区域截然不同的视觉效果,主体区域黑白反差大且变化丰富,背景区域黑白反差小且较为整体。构图的留白方式,离不开川南宋墓石刻重整体的造型特点,特别是主体外形的整体化处理,造成了"图"、"底"两个区域有明确的划分。从艺术的角度来说,川南宋墓石刻的背景留白也营造了一种悠远神秘、虚无缥缈的氛围。

　　1.样式一

　　图2—38中左方(a)图为高浮雕武士石刻,雕刻方法为剔地起突,这个出土于牛滩镇滩上村的石刻,武士轮廓一气呵成,划分出明确的"图"、"底"两个部分,"图"的部分除武士头部、躯干、脚部外,还包括了兵器和祥云,但兵器和祥云的处理与武士几乎连成一体,外形非常整体。轮廓内部起突变化很大,各部分高低关系复杂。除去以武士为主的"图",剩下的部分就是"底"了,"底"采

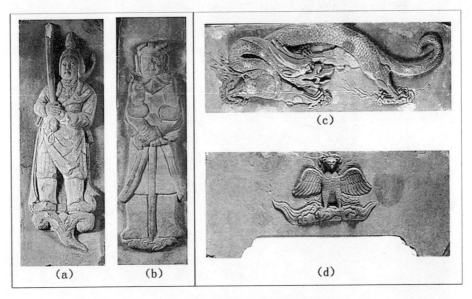

图2—38　川南宋墓石刻中的背景留白样式一

用石刻制作中"素平"的手法,把整个石面处理得高低一致,十分平整。一朵云,一个武士立于其上,四周空无一物,凸显出强烈的疏密对比关系。图2—38(b)中的武士石刻与上一石刻所用的雕刻手法不同,采用压地隐起的方法完成。起突比上一石刻小,为高度较小的高浮雕石刻。雕刻手法虽不同,但武士石刻依然是"图"、"底"反差显著。武士外形完整,作为主体的"图"高度级差变化大,"底"为"素平",不作任何雕刻而刻意留白。其图像特征与上图基本一致,"图"内黑白反差大且变化丰富,"底"以石面颗粒状肌理为主,黑白变化的反差小。图2—38(c)、(d)两图分别是川南宋墓石刻中的青龙、朱雀雕刻,其背景留白方式与武士石刻基本一致,皆为雕刻的图案高于四周空白,是"图"高于"底"的留白方式,"图""底"关系为一实一虚。

图2—39 川南宋墓石刻中的背景留白样式二

2.样式二

图2—39(a)是出土于石桥镇新屋嘴村一号墓的伎乐石刻,该石刻的背景

留白方式与前略有不同。石刻四周边框与演奏器乐的人物高度大体相平,人物四周剔去一层,使该部分低于边框和人物。边框上刻有线条装饰,上部与凹进面交汇处另起一层作弧形处理。石刻的虚实关系由内而外呈现实——虚——实的特征,人物是"图",是实处,凹进处(不带弧形)为"底",是留白的虚处;四周边框与中间凹进处也有一层"图"、"底"关系,边框(带弧形)是"图",是实处,凹进处为留白,是虚处。因此石刻的"图"、"底"关系为二实一虚,中间留白区域为两个雕刻主体所共用。同样,图2—39(c)双凤图的留白关系也比较复杂,为二实二虚结构。首先,相对于石刻四周而言,菱形边框及内部装饰是雕刻主体。四周石面高于菱形,采用"素平"手法,平整且少有变化,这是第一层留白关系。其次,相对于菱形内部而言,双凤图案自然是主体,为"实"处,四周剔地处就成为了双凤图案装饰的"底",不作任何装饰的平整处理手法,使之成为又一层次的留白。所以,该石刻有两层留白关系,且相互叠加。此外,川南宋墓门石刻中的花卉装饰也主要属于此类留白样式,如图2—39(b)。

川南宋墓石刻中的背景留白这种以虚代实的艺术处理手法,是对中国传统构图样式的传承,也在更深层面上折射出当时社会的审美倾向。背景留白的图像特征,为数字拓片生成的研究提供了必要的石刻图式研究基础。

第三节　雕刻技法

一、石刻图像的整体构造方式

宋代石刻是中国石刻艺术发展史上的又一高峰,它在继承汉画像砖雕刻手法和审美趣味的基础上,经过隋唐以后的发展和改良,形成了更为完备的系统。对比麦积山、敦煌、云岗、龙门为代表的早中期石刻造像,我们更容易发现这一改变,各种刀法相对成熟,刀法的运用熟练,整个技法较之以前更为综合。这种综合的手法大量地出现在以川南墓葬石刻和大足石刻等为代表的四川地区宋代石刻作品中。

宋李诫所著《营造法式》,对中国传统镌刻方式作了较为详尽的分类和总结:"雕镌制度有四等:一曰剔地起突,二曰压地隐起华,三曰减地平钑,四曰素平"①。用这四种镌刻制作类型来归纳宋代雕刻方法是比较准确的,今天所能见到的宋代石刻,其制作方法皆在四种之内。

《营造法式》中提到了一个概念——"地",这是研究中国古代石刻所必须明确的概念。通过《营造法式》的记叙,我们可以认为:"地"就是指石材经过加工处理形成的平面,它是石刻的基础面,所有的雕刻技法,都将围绕这一基础面展开。无论是"剔地"、"压地"、"减地",皆是对石材平面的处理方法。通过这些方法来改变石材平面的某一部分或某些区域在高度上的变化,从而留出图案和花纹。

川南宋墓石刻的雕刻技法,主要呈现出三种样式:剔地起突、压地隐起、减地平钑,另有少部分石刻和某些区域采用"素平"的手法完成。剔地起突、压地隐起、减地平钑,是川南宋墓石刻构造凸像的最主要手法,三种技法的综合使用在该区域内的石刻中较为常见,使石材平面形成复杂的高度起伏变化,造就了川南宋墓石刻层次丰富、富于对比、塑造细腻的艺术特色。

石材平面内不同位置和区域高度上的变化,形成"图案"和"背景",又由于雕刻技法的不同,"图案"和"背景"的复杂程度亦有所不同,有的层级关系较少,"图案"和"背景"较为明确,有的则是"图中有图"、"层层套叠",高度上的变化十分复杂,对拓片制作有着十分密切的关系,因此,需要对不同雕刻技法造成的高度变化特点进行研究和梳理。

(一)剔地起突高浮雕

梁思成先生把剔地起突解释为"雕刻母体三面突起,一面与地面相连"②。其主要雕刻手法是以深剔的方式去除图象以外的部分,即石刻中的"地",从而使石刻主体图象十分明显的凸显于"地"上,并且图地间的落差相对较大,主体图象压缩程度较小,部分区域的雕刻手法几乎接近于圆雕。剔地起突通常用在雕出大体关系的基础上,使局部有更多的层次和更丰富的细节,起突部分倒角圆滑、过渡自然,其特征与我们今天所谓的高浮雕、半圆雕一致,因此我们把川南石刻中这类作品称为剔地起突高浮雕。

剔地起突的雕刻手法在川南宋墓石刻中使用得非常普遍,无论是武士石

---

① 《梁思成全集》第七卷,中国建筑工业出版社 2001 年版,第 48 页。

② 《梁思成全集》第七卷,中国建筑工业出版社 2001 年版,第 371 页。

刻、四神石刻、侍者石刻、乐舞石刻都有体现,尤其在武士石刻、四神石刻中表现得最为典型。以图 2—40(a)武士石刻为例,该石刻以铠甲武士身躯轮廓为界,剔除身躯以外的部分,使人物形象整体突出于石刻的"地"上,并形成了以头部、双手、宝剑、脚部等几个较高的浮点相互呼应的局面。头盔最高处为额上方装饰物,向四周平滑过渡至"地";面部刻画细腻,采用了较为典型的半圆雕手法,五官以鼻头为最高处,各部位起伏较大;胸甲和肩臂部呈圆弧形突起,转折平缓,整体性较好;双脚足尖向前,并以足尖为中心向四周高度递减,仅足后部分与石面相连,是比较典型的剔地起突高浮雕样式。图 2—40(b)是出土于泸县石桥镇新屋嘴村 2 号墓的伎乐类乐官像,形象整体简洁,塑造手法细腻

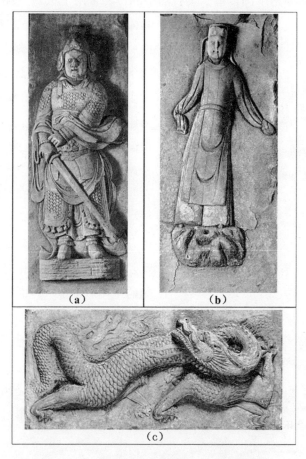

(a) (b)

(c)

图 2—40　川南宋墓石刻剔地起突雕刻的代表

生动,亦是剔地起突高浮雕类型的代表石刻作品。图2—40(c)主体刻画了一条气宇轩昂的青龙,其雕刻手法呈现出综合性的特征,重点部分采用剔地起突手法,龙头最为突起,是第一层次,龙身躯干部分较龙头略低,是第二层次,另有用浅浮雕手法雕刻与前面的龙对应的龙形图案,为第三层次。位于第一层次和第二层次的主体龙形,具有很强的分量感,龙头部分高高扬起,眼、额、口、鼻层次分明,空间纵深把握得十分到位,龙的躯干部分浑圆整体、过渡平滑,生动而厚重。该石刻是不可多得的艺术精品,亦是川南宋墓石刻中剔地起突和压地隐起两种雕刻手法相结合的成功范例。

(二)压地隐起浅浮雕

压地隐起亦是中国传统镌刻技巧中的一种常用手法,一般认为该手法的

图2—41 川南宋墓石刻压地隐起雕刻

具体操作过程是:石材磨琢平整形成石面后,把图案以外的"地"凿去,然后对留下的与石面高度一致的部分进一步加工雕刻,形成具体形象;亦有学者认为压地隐起各部分的高位浮点皆在装饰面轮廓线上,有边框的浮雕图案高点不超过边框的高度。①两种观点虽然有些不同,但在雕刻图案最高处不应超过最初琢平的石面这一点上,却是一致的。与剔地起突的雕刻手法相对比,压地隐起在高度上的变化要小一些,所雕刻的主体形象不从石面突出,是一种概括性更强的浅浮雕样式。川南宋墓石刻中有许多采用压地隐起手法制作的浅浮雕石刻作品。

(图2—41)所示是出土于泸县牛滩镇滩上村三号墓的单扇石门,上格眼

---

① 参见王其亨:《宋〈营造法式〉石作制度辨析》,《古建园林技术》1993年第2期。

内雕刻一朵月季花作为装饰。该图案中作为主体出现的花朵最高处与门格框高度大体一致,花、叶以外的地方被凿去,花、叶虽在空间纵深上被压缩得很厉害,但仍然有前后遮挡关系的存在,这些雕刻手法具有压地隐起的特征。该石刻门其下障水板框内装饰有两只小鹿,作前后奔跑状,鹿形图案与四周门框纵深高度也基本一致,小鹿四周剔去作"地",亦是用压地隐起手法完成的浅浮雕作品。

(三)减地平钑浅浮雕

减地平钑是一种平凸刻法,制作时要求首先把石材打磨光滑平整,然后在石面上用线刻出主体图像轮廓,再将主体图像以外的石面浅浅地减去,使主体图像以平整的姿态凸显出来,并辅以线刻装饰,[①]犹如剪影一般,与今天的剪纸有几分类似。用减地平钑手法制作的作品,亦是一类浅浮雕。减地平钑有三大特点:第一,体现在一个平字上,从最终呈现的视觉效果看,凸显的主体和减去的地都具有平的特征,不强调图案内部的高低起伏变化,轮廓规整,造型

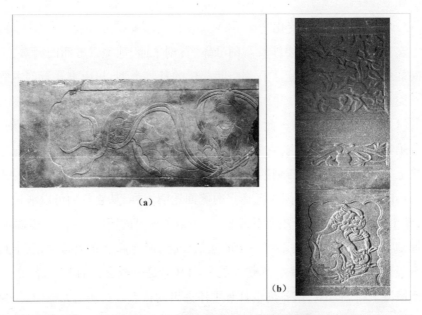

(a)

(b)

图 2—42　川南宋墓石刻减地平钑雕刻

---

① 参见杨伯达:《试论山东画像石的刻法》,《故宫博物院院刊》1987 年第 4 期。

扁平;第二,主体图案用线刻的形式进行装饰;第三,图地之间落差较小。

图2—42(a)是出土于牛滩镇玉峰村施大坡二号墓的飞天装饰,衣纹裙带飘舞,背光流畅光洁,五官清晰生动,具有很强的整体动感。飞天轮廓用阴刻线条勾勒而成,四周留有带弧角的矩形边框(部分已残缺),边框以内、飞天四周的区域,被浅浅铲去一层作地,可以认为是用减地平钑手法雕刻而成的。青龙镇三号墓右壁的第二扇门装饰有鸟兽图案[图2—42(b)],上格眼内雕刻的桃树,纵深高度变化极小,图地两极化倾向明确,具有减地平钑的特征;腰华板内的水仙图案亦采用该手法雕刻而成;障水板内刻有壶门,壶门内雕一瑞兽,壶门采用减地平钑手法雕刻,瑞兽用压地隐起手法雕刻,两种方法结合得非常自然,这在川南宋墓其他石刻中十分常见。

(四)凸凹变化与空间层次构建

多种雕刻手法的综合运用,造就了泸县石刻丰富多变的凸凹层次与空间结构,大自宏观整体,细到局部区域,都存在复杂的形体起伏与高低变化,具体分析如下:

1.宏观的空间层次变化

宏观的空间层次主要涉及石刻母体、石刻平面、地面三方面的因素,三者之间的相互凸凹关系决定了石刻空间起伏的基本类型,川南宋墓石刻主要呈现三类基本特征:

(1)主体凸出的类型。此类石刻多集中在武士题材、四神题材的石刻中,部分乐舞石刻亦有所表现,它的总体特征是:雕刻的主体部分全部高于石材平面之上,主体轮廓完整,石刻形象突出。以泸县石桥镇新屋嘴村一号墓的武士像为例[图2—43(a)],右侧线图是它的侧面轮廓大样,从它我们可以清楚地看到,整个武士像轮廓位于矩形石板之上,石刻最突出的部位是武士的头部和双手握剑部分,武士像的内部有一定的起伏变化,但皆高于石板高度,位于其下的石板外形变化较小,基本平整。图2—43(b)是一幅玄武石刻作品,出土于牛滩镇滩上村一号墓,该石刻也具有主体突出的特点。在侧面大样中,作为主体的玄武形象,外部轮廓饱满整体,内部有一定的起伏变化,但其最低处也处于石板高度之上或与之相近,但不低于石板高度,石板作为浮雕形象的载体,也较为平整。

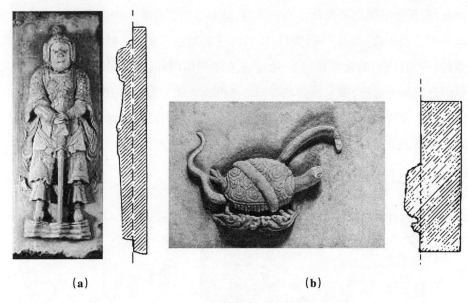

（a） **（b）**

图 2—43 川南宋墓石刻（主体凸出的类型）

（2）凹凸结合，以凹为主的类型。该类型的代表为门石刻。以福集镇龙兴村二号墓出土的单扇门为例（图 2—44），该门通过门框条把门分为格眼、腰华板、障水板三个部分，每部分高度都低于门框条，形成一个凹陷进去的平面，然后再在石平面内，用压地、减地等手法雕刻图案进行装饰。从侧面大样图看，浮雕图案高于凹陷的石平面，同时低于门框高度。该墓室内左侧的壁龛也属此类型石刻，凹凸结构与前一单扇门完全一致。

（3）凹凸结合，以凸为主的类型。该类型石刻的主体图案一部分高于石平面，一部分低于石平面，呈现出较为丰富的视觉空间感。图 2—45（a）是石桥镇新屋嘴村一号墓出土的器乐演奏双人浮雕图，共分三层雕刻，四周矩形门框为第一层，框内弧形装饰为第二层，弧形装饰框内再雕刻器乐演奏人物为第三层。四周矩形门框是平

图 2—44 川南宋墓石刻（凹凸结合，以凹为主的类型）

面石基,弧形装饰内平面低于石基平面,其上雕刻的演奏人物像部分浮点高于或平于石基平面,形成凸凹结合,以凸为主的特点。图2—45(b)是福集镇龙兴村一号墓出土的女侍像,刻一女子站立于单扇门外,门格眼装饰菊花,腰华板部分被女子遮掩,障水板内刻壶门。从侧面大样中看,女侍像要高出以门框为基的石面许多,呈现较明显的高浮雕特征,门格地较石面略低,地上菊花图案又略高,是凹凸结合,以凸为主特征更为明显的石刻作品。

(a)   (b)

图2—45　川南宋墓石刻(凹凸结合,以凸为主的类型)

2.局部的空间层次变化

在整体凸凹结构框架下,川南宋墓石刻局部的空间层次也富于变化。总体规律是高浮雕局部变化大,浅浮雕局部变化小,人物等主体图案局部变化大,壶门和花草等装饰图案的局部变化小。

局部空间层次主要体现在不同形块的相互遮挡掩映关系上。以福集镇龙兴村二号墓的行礼仆从为例(图2—46),该石刻雕刻男仆一名,身穿圆领窄袖长襦,双手紧握成交手行礼状,立于单扇门外,其后露出门格眼和障水板边框。仆从形象内部起伏变化较大,身体各部分呈现较为明显的几大块几何形状,腿部衣衫位于双脚之上,腰部两块卷起的衣角,对腿部衣衫有一个叠加,双手及小臂部分形成的几何形块对腰部衣物又有一个叠加,左手握于右手之上则是更小的变化……以此类推,可以层层递进,做更细的层次划分。脑后部格眼装饰植物,起伏变化程度要小于作为主体的仆从形象,但依然微妙、复杂,形块内的相互遮挡层级关系较多。四周门框较为平整,但是使用石材而形成的颗粒状起伏变化依然存在,会直接影响拓片肌理的形成。

二、以线为主的细节刻画手法

线面结合的造型方式,决定了川南石刻中线语言的重要性。

图 2—46　川南宋墓石刻中局部的空间层次变化

川南宋墓石刻以浮雕形式完成基本形体构架后,多采用线的形式作细节刻画。从这点来讲,它是一种绘画与雕刻相结合的独特表达方式,不同于西方的雕刻理念。雕刻与绘画相结合的造型方式,在汉画像砖里早有大量的实例。画像石、画像砖多采用平行线进行细节刻画,强调线的装饰功能。从今天徐州、南阳出土的汉画像砖中,我们可以清楚地看到这一特点。与汉画像砖线刻方式相比较,川南宋墓石刻的用线具有装饰性与写实性相结合的特点。在一些衣纹处理上,川南宋墓石刻通常沿用装饰性较强的表现手法,脸、手、盔甲等形象特征较为突出的区域,线的作用则更多地是为了对形体结构作准确的交代,这时线与对象的形体结构有着紧密相连的关系,线的表现性紧紧依附于形体塑造的要求。

石刻中线条的表现力体现在两个方面:一是线条本身的变化,二是线条的组合关系。线条的粗细变化、长短变化、方圆变化、虚实变化、刚柔变化等对石刻的整体风格有关键的作用,富于经验的石刻工匠,会根据不同石刻所需传达出的视觉特征,分别选用不同样式的线,乃至于同一石刻的不同区域,线条的使用也存在区别。不同形态的线,充分表现了浮雕的细节和不同部位的质

61

感。中国传统绘画中使用的线条有"疏可走马,密不透风"的说法,这主要是指线条与线条的组合要有一定的节奏变化和对比因素。川南宋墓石刻中线条的组合关系也是其造型风格得以呈现的重要因素。不同的线条组合使石刻给人以不同的视觉感受,一组一组方向各异、粗细不均、或长或短的线条,使石刻形体产生节奏、韵律、气势等变化,从而体现出独立于形体之外的抽象美感。线与线的排列组合方式的差异,亦形成了石刻作品迥异的形式感和风格。

川南宋墓石刻的细节刻画主要以阴刻线为主,这也是中国古代石刻中一个较为典型的特点。通常石刻中的线与当时绘画中的线联系密切,绘画中经常出现的兰叶描、铁线描等,在石刻中亦有类似的使用。图2—47是两幅舞蹈石刻,出土于石桥镇新屋嘴村一号墓,雕刻有头戴花冠、身着长裙的舞女。石刻工匠师先用形块塑造舞女形体,并简单分出高低前后关系,然后使用不同形

图 2—47 川南宋墓舞蹈石刻中的线语言

态的线条进一步塑造,是雕刻与绘画手法相结合的石刻实例。石刻大量使用阴刻线,头部花冠结构复杂,多用短直线平行排列,头发用鱼鳞状线条作分组刻画;面部线条较少,主要以表现五官和下颌部的几条细小线纹为主,衣服的上衣纹刻画较细,具有示意性;舞女的长裙则使用流动性较强的长曲线表现,线条分布密集,使整个石刻顿生动感。石刻线的分布上疏下密,具有很好的节奏感,同时,上部线条较为写实,以表现对象轮廓和结构为主,下部长裙的用线较写意,以线条本身所具有的感染力打动人。衣裙等各组线条有方向性,组合在一起有一定运动感,较为有力地塑造了舞女形象。图2—48中两幅石刻同为武士像,却给人以完全不同的视觉印象,图(a)呈现出浑厚、沉着的艺术风格,而图(b)则显得飘逸洒脱、富于动感。两种风格的差异除了造型的因素之外,使用不同的线作局部装饰也是一个重要原因。前者以密集的短直线塑造了铠甲的坚挺硬度,总体上所使用的阴刻线具有短、直、硬、密的特点;后者在

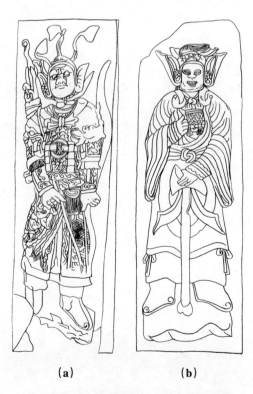

(a)　　　　　　　　　(b)

图2—48　川南宋墓武士石刻中的线语言

衣袖部分使用了大量的长线条,这些线流畅而富于变化,从而营造出更为潇洒的艺术气氛。

　　除了大量使用阴刻线进行细节刻画外,川南宋墓石刻还用到了剜刻、透雕、阳刻线等多种手法,使石雕作品局部刻画丰富、细腻。

第三章　拓片艺术研究

第一节　概　论

一、拓片的定义

拓片是指承载着碑刻、画像砖石、青铜器、陶器、玉器等器物的形状及上面的文字、图像的纸片。它是中国特有的传统艺术表现形式，具有很高的历史价值和美学价值。[①]

印刷术是中国古代的四大发明之一，经历了从雕版印刷到活字印刷的发展和成熟的过程。从制作方法和原理来讲，雕版印刷术和活字印刷术有着较多相同的制作方法和过程，通常使用的制作程序是这样的：首先制作一个版，然后通过一些印制技术，把版上的文字和图案印制到纸或其他载体上。拓片的制作，也使用了类似的方法和程序，所不同的是，制作拓片所使用的版和内容更为广泛，在很多情况下，需要从一件件完整的器皿或用品上进行拓制，而不仅仅局限于从专门特制的刻版上来印制。跟中国古代印刷技术相比较，可以发现拓片印制技术存在着巨大的相似性，从某种意义来讲，拓片本身就是一种印刷制品，是中国古代印制品的重要组成部分。

二、拓片的演进与发展

拓片的产生，为中国古代文化的传播起到了十分重要的作用。中国古代

---

① 参见李一、齐开义：《拓片拓本制作技法》，北京工艺美术出版社 1995 年版，第 1 页。

的书画、金石等艺术品，虽然数量很大，但与更为巨大的需求市场相比而言，它就如同大海中的一滴水，根本满足不了大众对文化传播的需要，绝大多数艺术真迹，被王公贵族收藏于密室，平常百姓和一般士族难得一见，即使偶有艺术佳作流落在民间，也因为其珍贵性和稀缺性，不可能用于教学和日常生活的需要。在这种情况下，依据真迹刻制一通石碑，拓制成千上万的拓片，让艺术作品由一件而演化出众多的替代品，是满足社会一般阶层文化追求的最佳途径。

影印技术传入中国以前，拓片是最主要的艺术传播形式，直接推动了中国书法和中国绘画的发展进程。帖学和碑学，是中国书法发展的两个重要方面。所谓帖，是指古人为了将优秀的书法作品存留下来，供更多的人学习研究和欣赏，把历代名家的书法作品复制鎔刻为石刻的书帖，其目的就在于学习和赏析。碑刻作品的主要目的是纪念和歌颂某人某事，本意并不在于传播书法，但许多碑刻书写有着很高的艺术性，加之刻工精良，多为学书者所器重，被人们广泛研究和学习，形成碑学。将碑或帖上的文字书法作品拓制成拓片，可以使沉重的石制碑和帖上内容的流传范围大大提高，因此拓制拓片得到了广泛的认同，许多文人墨客，都常因得到一块名碑法帖的拓片而喜悦不已。拓片的庞大需求市场，使得拓片制作技术迅速发展起来，形成了极高的水平，而制作精良、数量众多的拓片飞入寻常百姓家，也极大限度地推进了中国书法艺术的普及和发展。

随着影印技术由西方传入中国，拓片的制作和使用开始走向衰落，制作技术也开始出现下滑的现象，拓片的使用范围，也渐渐被影印物所蚕食，变得越来越小。和照片相比，拓片在使用的快捷性和某些特性上表现出一定的局限性，但另一方面，较之照片而言拓片也具有自身独特的优越性，特别是在表现色调比较接近和形体变化细微物体的时候，拓片所呈现出的细节，却远远超过了照片，加之拓片在制作过程中，人工干预和人为控制的能力更为方便灵活，因此，直至今天，拓片制作技术仍然在文物保护等领域顽强的生存下来，能完成用照片方式所不能完成的任务。长期以来，拓片和拓片制作工艺，已经在人们的心中产生了深厚的记忆，这一古老的艺术形式，依然保存着独特的魅力和美感，为人们所器重。文物保护法的实施，让拓片制作工作更加审慎重要，物以稀为贵，使得就是充满高科技产品的今天，传统拓片的地位也很受重视，一张拓制精良的拓片,所拥有的价值和价格是过去所无法想象的。

《隋书·经籍志》中记载:"相承传拓之本,犹在秘府",这是有关于石经拓本的最早著录。[①]唐代诗人王建也留下了"古碣凭人拓"[②]的诗句。除了文字记录外,目前也发现了一些唐代拓片和印刷品,从中可以得到更为直观的感受,例如原存于敦煌千佛洞的《温泉铭》,为唐太宗所书,据专家考证,拓制于初唐时期;[③]此外,同样发现于敦煌莫高窟的《说法图》,是我国至今为止发现最早的雕版木刻版画作品。[④]该作品疏密得当、刻画精致、富有装饰性、造型自然生动,是一幅十分精致的唐代艺术精品,从这幅作品中,我们充分感受到了唐代木板画制作技术的成熟和精良,无论在雕版环节还是在印刷环节,都体现了娴熟和高超的技法。可以想象,在拥有如此高超的印刷技术的时代中,与之相类似的拓片制作技术是否也应达到了相当的艺术水平呢?在西安的碑林和全国其他一些地区,至今还保存着唐代的许多碑刻,诸如《兰亭序》、《多宝塔》、《玄秘塔》、《九成宫醴泉铭》等,都是人们耳熟能详的名碑,如此大量和制作精美的碑刻作品,也从另一角度印证了唐代碑拓制作技术运用的广泛性和普及性。以至于后世文人初见唐代拓片时,流露出十分震撼的情感。清代王澍在《虚舟题跋》中曾经记述了裘鲁青见到山东新成王氏所藏唐拓朱砂本《王圣教序》时的情况:"……朱色鲜艳,香气袭人,自首迄尾,丝毫无缺,碑一册,跋三册,重十数斤,盖初刻成时进御者",言语之间,充满了溢美之词。

隋唐两代主要使用擦墨拓制的拓片制作方法,在今天尚能看到的民间木版年画制作过程,我们还可以十分清楚地看到类似于这一拓制手法和技法的存在,所不同的是木板年画用力较轻,颜料和墨色上于木版之上,故印制的图像与板相反,而拓片制作时因墨色上于纸绢之上,碑版与拓制图像的方向一致罢了。采用擦拓手法制作的拓片,字口内容易出现墨迹,因此,在图底反差不太大的时候,字的精度会受到一定的影响,但在图底反差较为明显的时候,口

---

① 参见刘光裕:《印刷术以前的复制技术(二)——揭书与拓石的产生、发展》,《出版发行研究》2000 年第 9 期。

② 中华书局上海编辑所编辑:《王建诗集》,中华书局 1959 年版,第 46 页。

③ 参见施安昌:《敦煌石室发现的四种碑刻古拓——兼谈中国书籍制度的变迁》,《故宫博物院院刊》1993 年第 3 期。

④ 参见吕胜中:《中国民间木刻版画》,湖南美术出版社 1990 年版,第 1 页。

字内出现的墨迹形成一定的灰色层次,对整个拓片反而有一种丰富画面的作用。

两宋时期,拓片制作更加普及,在朝廷的重视下,书法拓片的制作取得了显赫的成绩,许多当时及其之前的艺术精品得以刊刻上石,制作拓本,大量艺术精品避免了消逝的命运,得到更为广泛的传播。在宋太宗的直接领导下,翰林侍书王著收集整理宫庭所藏历代书法精品,采用上等材料,精心刊刻拓制了《淳化阁帖》,为宋代的书法兴盛起到了有力的推动作用。《淳化阁帖》之后,又出现了大批质量上乘的书法刻石和拓本,如《绛帖》、《大清楼帖》、《凤墅帖》、《宝晋斋帖》、《群玉堂帖》、《忠义堂帖》等,其形式和内容都有了一些发展。

从拓片制作技术上讲,两宋时期也较之以前有了一些新变化,北宋期间,发明了扑拓拓片制作技术,在一定程度上改变了单纯采用擦拓手法带来的局限性,运用这一方法,可以得到比使用擦拓方法更为精细的字口,从而使拓片呈现出更多表面凸凹的信息,更加细腻入微。南宋末期,使用蜡拓和葛麻拓的拓制方法也使拓片作品显现出更加丰富多彩的风格和面貌来。

辽金元时期,由于北方民族在经济和军事上都占有较强的优势,佛教的兴盛使得佛经石刻造像十分流行,大量碑刻作品随着佛教造像凿刻而成,汉族地区的刻石作品也在继承前朝的基础上有所发展,到目前为止,我们仍可以看到该时期内的一些石刻和石刻拓片,如《高丽园融国师碑》、《十方灵岩寺记》、《重修中岳庙碑》金碑刻、《孙公道行碑》、《玄教宗传碑》、《龙兴寺帝师胆巴碑》等都有较高的史料价值和艺术价值。

到了明清时期,拓片制作技术在民间得到了更加广泛的运用,碑刻盛行,拓制手法更为丰富,拓制内容也较以前有了较大的拓展。除了书法帖本的拓制外,用钱币、器皿、古董等物品拓制的拓片也十分丰富和常见,甚至出现了以鱼、龟等活物标本拓制的拓片作品,拓片制作技术的运用范围之广由此可见一斑。清朝前期,宫廷刻帖活动十分繁荣,先后刻制拓印了《懋勤殿法帖》、《渊鉴斋法帖》、《避暑山庄法帖》等,乾隆十二年,由皇帝亲自督办,将内府所藏历代书法作品,择其精要镌刻于石。共计刻石 500 余,拓制为 32 册,取名《三希堂法帖》。由于该帖选书全面、刻石细腻、拓制精美,有极高的史料价值和审美价值,后世影响颇大。清中后期,勒石拓片在民间较为兴盛,随着大量古书、碑版、器皿的出土,碑学盛行,这一新的学术动态促进了拓片制作技术向更广阔的领域迈进,许多适应特殊拓制条件的改良技法和创新得到广泛运用和推广,摩崖拓这一技术也应运而生,并快速成熟起来,成为拓制技术在清代发展的一个重要标志。数量极大的碑石拓片的制作和流传,充分说明了这一时期的总体艺术追求,也彰显了拓片制作技术在这一时期的高超水平和无可替代的作用。

三、拓片的种类

(一)乌金拓

所谓乌金拓,是指采用较为浓重黑亮的墨色制作出来的拓片,这类拓片作品具有乌黑光亮、厚重滋润的艺术特点,其质地犹如黑色的金子一般璀璨亮洁,故被人们称作为乌金拓。乌金拓的使用范围很广,历代碑帖拓片作品中有很多使用了这一制作方法,应该说它有一定的普遍性。乌金拓呈现出乌黑发亮的特征,并不是指采用乌金拓方法拓制出来的拓片作品乌黑一片、毫无层次,恰相反,一幅拓制精良的乌金拓,应该是层次丰富而富有变化的。

拓制乌金拓,一般选用细腻平整的宣纸和较为浓稠的油烟类墨汁为原料,讲究精工细作,对上墨的时机控制较为严格,切不可在水分较多的时候进行上墨,以免造成字口漫烂,不可收拾。一般上墨须经数次才能完成,每次上墨之后,要待其干透后才能进行下一步上墨工作,以避免出现大片死墨,给人生硬、平板、郁结的感觉。上墨完成后,通常还需要把整个拓片研磨一下,以增加拓片的光洁度,达到熠熠生辉的效果。

(二)蝉翼拓

蝉翼拓具有淡雅清心的艺术效果,一般采用较薄的宣纸作为拓印材料,上墨较淡,拓好之后,纸纹清晰可辨,有如蝉之翅翼一般透明,故被称为蝉翼拓,又称为蝉衣拓。蝉翼拓的出现,迎合了中国文人阶层的审美口味,讲究淡中有味的审美趣味,观看用蝉翼拓手法完成的拓片,纹理脉络清晰、墨色干净透明,确实具有精细巧致、玲珑可人的艺术效果,让人爱不释手、回味无穷。

拓制蝉翼拓,也要掌握好上墨时机,宁愿干一点,也不可急于求成,蝉翼拓虽然从整体上给人以墨色较淡的感受,但如果上墨次数较少,又会造成拓片整体上较单薄的弊病,这是需要扱力避免的。拓制蝉翼拓应选择轻薄且韧性较好的宣纸,墨汁之中还应加入清水和胶性物质,以增强其厚重感并达到拓片对色度的要求。

（三）堆沙拓

堆沙拓与乌金拓在风格上有相似之处,都追求厚重响亮的艺术效果,所不同的是,堆沙拓使用的墨汁更为干浓一些,以至于拓到纸上形成较为粗糙的细小颗粒,犹如一层层细沙叠加而成,所以被人们称为堆沙拓。堆沙拓墨色浓黑、质感强烈,通篇充满了细小颗粒,触之如岩石质地一般,非常有艺术感染力。

拓制堆沙拓作品应注意选用较干的墨汁,新墨倒出后可适当放置一段时间,让其水分适当蒸发掉一些,用纸则应选用较粗一面作为正面使用,以加强颗粒感的产生,拓制中亦应注意不可过于干涩,以免上墨工作无法进行或进度太过缓慢的情况出现。

（四）摩崖拓

摩崖拓主要以高山峡谷间刻凿的文字、榜书、图案等为拓制对象,这些供拓制的对象要么处于数十米的高壁之上,要么风化程度严重,要么字体硕大无比,要么石质凹凸不平,给拓片制作带来了很大困难。古人针对这些具体情况而研究改良的拓片制方法就称为摩崖拓。

摩崖拓常采用较厚且拉力较好的纸张进行拓制,以抗风吹日晒,用墨也较之其他拓制方法更为大量,通常情况下,是采用分片拓制的方法,或以较平整的一块为一幅,或一字为一幅,在室内再进入拼接等后期工作。野外操作时一般会考虑采用较为有效的拓制手法,力图在质量和速度之间找到一个平衡点。

（五）蜡拓

蜡拓是使用烬和煤灰等搅拌均匀后制成的饼状物,进行上墨拓制的一种拓片制作方法,多用于应急,使用方便快捷,和乌金拓等较正式的拓法相比,拓片效果相对要差一些,但使用上的优势使这一方法存留了下来。

（六）朱拓

朱拓是指用朱砂颜料作为拓制原料的拓片制作方法,制作成功后的拓片呈朱红色,很有趣味性。朱拓这一形式,最初用于一通碑帖刻制成功后的首次拓制,图个吉利,自明代以后,逐渐兴盛起来,成为一种独特的拓片风格而被人们广泛接受。早期的朱拓制作过程中,为了使颜料凝结,常加入桃胶或蜂蜜,称为"水印",后来改为加骨胶,渐渐固定下来,成为朱拓颜料的专门配方,另外,人们在早期"水印"的基础上,改加桃胶或蜂蜜为慢干性油,制成了印泥,则是朱拓的延展。

除了朱拓之外,还有采用其他颜色制作拓片的方法,其制作过程与朱拓大体相近,称为色拓,可一并归入朱拓类。

(七)套拓

套拓是指在拓片的不同区域分别使用不同颜色进行拓制的拓片制作方法。各区域的拓制方法与朱拓或色拓基本一致,区域之间多采用分块遮挡的办法完成不同色彩的相互切换,因较为复杂,不太常见。

(八)葛麻拓

葛麻拓多出现在宋元时期,主要是由于当时使用的葛麻纸有较厚的纹理,采用擦拓方法时造成了笔画内也有些墨色痕迹,拓片呈现出与西瓜花纹近似的纹理特征,故称为瓜拓或葛麻拓,如今较为少见。

(九)填拓

填拓与葛麻拓效果较为相似,笔画内都有意留有墨色痕迹,只是因为笔画或图画面积较大,在拓制过程中采用了在笔画轮廓内填充扑打的方法,故称为填拓,如今也较为少见。

(十)印拓

印拓是指把印章顶端或四周的文字制成拓片的方法,也分为清洗原石、上纸、上墨、揭离几个步骤,只是因为印章普遍较其他物件精致小巧,因此拓片制作的精度要求也较高。这种方法需特别注意尽量选用薄的纸张,以免因铭文过浅,无法拓制。

第二节　拓片制作的相关工具、材料、流程及应用范围

一、拓印工具

在长期的拓片制作实践中,逐渐产生了一套完备、齐全的拓制工具,这些

看似简单的工具,却凝结着古代广大劳动人民的聪明才智和辛勤劳动,是无数次优化和改良的结果,对拓片制作技术的提高起到了扱大的推动作用。拓片制作用到的工具很多,分为主要工具和辅助工具两大类,主要工具包括棕刷、打刷、扑子、木槌等,辅助工具包括墨碗、墨板、毛巾、脸盆、喷水工具等,这里重点对拓片制作的主要工具作一个说明。

(一)棕刷

顾名思义,棕刷由棕榈树皮扎制而成,主要用于上纸和刷纸等工作,新棕刷有毛刺,容易挂破纸张、掉毛,一般需要适当的磨制。根据需要,棕刷可以分为大小许多型号。

(二)打刷

打刷主要由猪鬃或山马鬃毛等质地坚硬的兽毛捆扎而成,要求捆扎细密、平整,有一定硬度且富有弹性。打刷是拓片制作中较为重要的工具之一,主要用于把纸与原石之间的缝隙打实贴紧,避免上墨时纸不能敏锐反映原石刻的起伏纹理。打刷也有大小多种型号,以应对不同情况的需要。

(三)扑子

扑子是上墨工具,又称为拓包、墨包等,扑子内包有麦麸、稻壳、棉花、豆皮等细小颗粒,外面用纹路较细的布包裹捆扎结实、使其平整。扑子是最能影响拓片质量的工具之一,有不同大小之分,也有硬度、质感上的区别。

(四)木槌

木槌是用质地细密、富有弹性的木料制成的榔头状物体,两头微微鼓起,主要用于对纸与纸接缝处的锤打,也可用在碑石与纸的四周相接处的捶打。

二、相关材料

宣纸、墨汁及白芨水等黏性物质是拓片制作中需要用到的材料。

(一)宣纸

用于拓片制作的宣纸,在产地等方面没有特别的要求,但在纸的质地上通常有一定的选择。首先是纸质要具有一定的柔韧性,纤维较长,比较坚实,见水以后不会变得难以收拾;其次是纸的结构要比较细密、比较薄,只有这样才能尽量减少因为纸的厚度而反映不出原石细小纹理的情况发生。在拓片制作过程中常选用的宣纸品种有连史纸、皮纸等。

(二)墨汁

与一般书画使用的墨汁略有不同,制作拓片使用的墨汁要求黑亮、厚实,有一定油性,对层次变化的要求不多,在通常情况下,选用质量较好的油烟墨即可。在制作拓片过程中,墨汁的使用有一定量的要求,如不注意选择,拓片制作完成后常会有跑墨的现象发生,选用含胶量略大的墨汁,有助于改变这种状况,对于后期装裱更为有利。

(三)白芨水

白芨是一种中药,将其切片泡出的白芨水,具有少量的黏性,主要用作纸与石碑等物的黏结,一般情况下也可用胶水或稀糨糊替代。

三、拓片的一般制作流程

拓制一张完整的拓片,一般要经历清洗器物、上纸、上墨、揭离四个步骤。

拓片制作是一项十分细致的工作,为了达到更好的拓制效果,一般在拓制工作正式开展以前,要将器物或原石上的灰土泥沙和锈迹等清理干净,在野外还需要把碑石上的青苔植物除去,许多地方甚至需要使用竹扦、毛笔等工具进行剔刷,尽可能让器物或原石上的文字图案清晰、明朗,做到虽极浅细处,也纤毫毕现。这是拓制出好拓片的第一步。

清洗好器物原石之后,将宣纸裁剪到大小合适,上于碑石之上。上纸分为干上和湿上两种方式,干上是指在宣纸还是干的时候就铺于原刻物之上,然后再把纸喷洒润湿,平刷贴实于原刻物之上。这种方法常用于野外作业或拓制较大型器物时,可以有效避免宣纸因湿润而变得脆弱以及大风等天气状况的影响;湿上纸是先将宣纸湿润、再覆盖于石碑器物之上的方法,此种方法通常用于拓制较为精巧细致的物件。

将纸捶打贴实于物件表面之后,则可以进入上墨阶段了。上墨不可操之过急,正所谓"若洗剔莹洁,用上料砑宣纸,再以棉包熨帖使平,轻椎缓敲,苟有字画可辨,虽极浅细处,亦必随其凹凸而轻取之,自然勾魂摄魄,全神都见"①。上墨阶段的拓制手法也必然会影响拓片的风格与面貌,需要多加注意。上墨工作完成后即可得到黑白分明的拓片了。

但上墨工作完成以后,还需要将覆盖于碑石上的拓片揭下来,没有加胶或加胶较少的拓片较容易,胶重的拓片则需要慎重对待。揭离工作定成以后,拓片制作工作才算告一段落。

从拓片制作过程,我们可以看出,这是一项细节决定成败的工作,需要耗费大量的人力物力,同时,操作人员的技术水平和艺术修养对拓片的最终效果有较大的影响,即使是同一人进行拓制,每一张拓片都会有小许不同的地方,这既是拓片的艺术性所在,也给拓片制作的标准化工作带来了一些不利的影响。

四、拓片制作技术的应用范围

拓片制作技术发展至今,应用范围已经较之初创时有了很大拓展,特别经历了清代的高速发展时期之后,这一工艺已经在许多领域有了非常成熟的运用,在平面、浮雕、圆雕等不同领域,都有着非常活跃的表现。

(一)拓片制作技术在平面作品中的运用

拓片制作技术在平面作品领域内的使用,主要集中在拓制碑刻、拓制印刻、拓制较为平整的铭文或拓制线刻作品等方面。拓制碑帖文字与图像是拓片制作中非常重要的内容,发展早期,是拓片制作技术产生的初始目的和动力。印拓的发展时间相对较晚,是文人治印之后发展起来的产物,是碑帖拓片制作技法的继承和发展。拓制较为平整的铭文和拓制线刻作品也都是在碑帖拓片制作基础上发展起来的拓片制作技法,它们同属于拓片制作技术在平面雕刻作品领域的运用。

拓片技术在平面雕刻作品领域运用的主要特点是图—底意识非常明确,无论采用什么形式的拓制手法,字口分明、轮廓清晰是基本要求,字或图形与底版之间有着清晰的分界,一般而言是呈现黑底白字的效果,纸张在字体或图形线条内有轻微内凹,装裱后容易使字体笔画的线条变粗,其他变形则不

---

① 叶昌炽:《语石》,中华书局 1994 年版,第 552 页。

明显。

(二)拓片制作技术在浮雕作品中的运用

拓片制作技术除了在平面雕刻作品领域内的出色表现之外,也广泛应用到呈浮雕状的器物中,如拓制把人物和图案处理成浮雕状的汉代画像石、画像砖,或拓制古代铜镜上所铸造的浮雕图案等,皆是拓片制作技术应用于浅浮雕领域的代表;而拓制具有高浮雕特征的摩崖造像、器皿纹样等,则应属于拓片制作工艺在高浮雕物件中的运用了。

由于浮雕作品起伏较大,轮廓的处理也更加复杂,因此相应的拓片制作就具有相当的难度。物件表面较大的起伏,会使许多处于凹陷部分的图案花纹在拓片中得不到反映,造成拓片信息的缺失;另外,拓片制作过程中所使用的宣纸在贴实器物的过程中也容易破损,有时候处理起来有极高的难度,特别是对器形较大的高浮雕作品进行拓制时,所遇到的困难是一般人难以想象的。更重要的是,被拓的表面起伏大容易造成拓片的变形,当把有些在高浮雕作品上拓制的拓片付于装裱时,拓片上器物的形状已经变得难以辨认了。因此,在此类拓片中加入一定的人工干预是必要的,如在装裱过程中对拓片进行一些必要的剪裁,以便修正和适当缩小其变形,是人们常采用的办法。

(三)拓片制作技术在圆雕作品中的运用

拓片制作技术在圆雕作品领域也有少量运用,当拓制呈立体状的器物时,多采用分片拓制,再按一定方式将几片拓片组合在一起的方法来完成,此类拓制方法的使用较之其他形式少见,清代有一类被称作"博古画"的画种拓制中有所采用,这些作品通过把某些文物器皿拓制成多块拓片,再按照器皿形制进行装裱,并画以花卉、清供相配衬,来表现珍稀文物器皿的面貌,别有一番韵味。

此种拓制方式,以多幅拓片组合起来表现有体感的圆雕作品,与单幅拓片的处理方式有所区别。除了在"博古画"中有所运用之外,这一方法也常用在对古代石雕石刻人像和俑等文物的拓片制作中。

第三节　拓片的美学价值与历史价值

　　一张小小的拓片,承载着丰富的历史信息,也体现出独特的美感,自出现之日起,就受到人们的推崇和喜爱,在视觉资源猛增的今天,拓片这一古老艺术形式仍然表现出不可小觑的影响力,并顽强地生存下来,彰显出弥足珍贵的历史文化价值和美学价值。拓片是中国传统文化的表现形式之一,很强地折射出中国传统文化之美,主要体现在细节美、质地美和构成美等几个主要方面。

一、美学价值

(一)细节美

　　表现细节是拓片艺术形式所擅长的,也是在中国哲学思想影响下中国文化所具有的共同特点。一幅好的拓片作品,讲究精拓细捶,把原石上每一个细节都清晰地反映在拓片中,那一种大刀阔斧、日拓数十通的做法,历来受到文人墨客的诟病。在拓片中表现出的完整性、完美性,固然有使用上的原因,但在审美上的追求,也是一个不可忽视的重要因素。

　　中国古典哲学认为,宇宙和人,是一个和谐统一的整体,遵循着共同的规律而运行,与此同时,宇宙和人也具有相对的独立性和封闭性,人和世间的一切万物,从某种意义上讲,其本身就是一个按照自然规律运转不停的小宇宙,正如中国传统释家典籍中所讲:"一沙一世界"、"一树一菩提"。在这种独特宇宙观的影响下,中国的艺术作品,把追求局部的生动性和丰富性看得很重要,逐渐形成了重局部、轻整体的总体艺术风格,即便表现一颗细小的尘埃,也要竭尽全力求之丰富,因为在中国人的观念里,这颗肉眼几乎看不到的小小尘埃里,亦是一个充满活力和生命的大千世界,不可忽视,这也是"小中见大"的理念。

　　拓片中的细节美,表现在对原石刻细节真实再现的追求上。例如,在一幅好的书法拓片中,我们不但可以看到字形和结构的准确表达,更可以通过笔画的细小变化,分析出书写者的用笔节奏和情绪;除此之外,原石刻上的起伏和凹凸,自然天成,丰富而沧桑,与字形相映成趣,也体现出自然与人工制作的有机统一。诸如此类,都是中国人认为拓片具有古典审美特征的重要因素,它反映了中国人崇尚自然与和谐统一的理想境界。

拓片中的细节美,还表现在对拓片制作材料的考究上。试看那一帖帖装潢精美的拓片中,散发着淡淡草药香气的墨汁,那触之如小儿肌肤般润滑的纸张,无不是"若不经意,经意之极"的结果。之所以对材料使用的用心之至,自然与注重细节的中国传统文化少不了干系。

拓片中的细节美,更表现在拓片的制作技巧中。观看传统的拓片制作过程,犹如欣赏一段起伏跌宕的中国古典舞蹈,充满着东方韵致与情调,那精致细腻的擦拓和扑拓手法的变化,只在手腕翻转瞬间,却造就了大不相同的艺术效果,颇有中华武术中"四两拨千斤"的意味,很难想象不是天天拿筷子的手,能有如此细腻的体会和心得,这技术中所蕴含的精致与微妙,正映托出独有的东方之美,为其他艺术所没有。

(二)质地美

在拓片的制作史中,无数手工巧匠以自己的智慧和辛劳,创造了面貌非常丰富的拓片样式,随着地域变化和流派的差异,诸多面貌中又显示出不尽相同的审美取向和艺术风格,造就了拓片艺术在其全盛时期异常活跃的氛围和风格林立的格局。这些拓片样式中既有粗犷豪放的摩崖拓,也有厚重晶莹的乌金拓,还有细腻雅致的蝉翼拓、色彩喜庆艳丽的朱拓或色拓、技法复杂精巧的套拓等。在其中选取任何一种样式,都有自己独特的艺术效果,给人以不同的感受。

犹如笔墨对中国画不言而喻的重要性一样,肌理和质感对于拓片而言也是十分重要的,不同的肌理和质感营造出不同的艺术氛围;从而让人产生不一样的感受。通过分析拓片的众多样式,我们可以找出各样式间的画面肌理和质感的差异。试看那堆沙拓中细若繁星的细小颗粒,让人想起岩石的坚硬和苍茫,忍不住要上前轻触,在指尖的触动和滑行中,去感悟苍天之博大、大地之广阔;再看那乌金拓中乌黑光亮的墨色,既有寒冰之冷艳,也有金属之铿锵,随着宝剑寒光般闪动的墨色亮光在眼前划过,把人们带去到了金戈铁马、号角联营的古战场,去和戍边的战士引颈高歌、醉卧沙场;还看那蝉翼拓中清心淡雅的浅淡墨色,犹如六弦琴上若有若无飘散出的几声吟诵,直勾住人心不放,墨色中隐现的纸纹,犹如酒肆之格窗,其后深藏着隐于闹市的高人……拓片的不同质地,让人产生了不同的文化联想,这联想所让人产生的归属感,正是拓片质地美之所在。

拓片制作过程是一个充满创造性的过程,不同的人因为修养和经历不同,即使使用相同的工具和材料、相同的制作方法,也不可能拓制出两张完全一样的拓片来,每个人的气质和风格都会在不经意间留下痕迹,这和中国画中的笔墨概念有很大的相似性,即使两张画看上去内容完全一样,但通常在笔墨技法上却相去甚远;更有甚者,即使是同一个人,在相同的条件下,也很难拓制出两张完全一样的拓片来,从这个意义上讲,每一张拓片都是不同的、都是有生命的。生命就来源于产生的肌理,这肌理的产生是人的必然和自然的偶然共同作用的结果,在中国的传统艺术观中,这一现象是人与自然和谐统一的必然结果,因此,拓片富于个性和生命的质地,就自然具有了中国意义上的美感了。

拓片富于个性和生命的质地,必然给当代作为文物保护措施的拓片制作工作带来难以标准化建设的困难,但如若把拓片作为艺术品来看,它就是非常难能可贵和有价值的。

(三)构成美

黑白分明的拓片,较之原石碑帖,除了使用上的便捷外,在视觉效果上也更为强烈。拓片的制作过程,并不是完全是对原石刻图像的自然描摹,也溶入了制作者的主观意识与修养,通过人的参与控制,对拓制对象全方位的信息有一个主次的选择,以不同的拓制手法,强调表现的主要内容,减弱或省略次要内容,使被拓对象特征在拓片中得到放大和突出。拓片的这种因人为主动参与形成的特点,是一般照片中所不具有的。就目前的技术而言,无论多么高级的相机,都只是客观地记录对象,而不能像人的眼睛一样在观察事物的时候有取舍、有选择;而拓片的面貌,是人的意志的反映,受人的因素控制,在一定程度上避免了照片中的自然主义倾向。人为因素的存在,可以让拓片呈现出的面貌表现出更多的构成意识,从而让拓片具有与照片有所不同的独特构成美。

"知黑守白"是以中国画为代表的东方艺术的构图理念,在中国人看来,它既是一个技术性问题,也是一个关乎宇宙人生的重大命题,为历代所重视。拓片作为中国古代艺术形式的一种,自然也非常看重这一构图问题。拓片中黑白色块的大小、分布、数量,造成了拓片画面中的节奏感、运动感和平衡感,黑白色块之间的相互交融、相互转化,更体现了中国文化中阴阳相生相克的哲学思想。从拓片的构图方式中,我们可以寻找到十分浓郁的东方之美,这种东方之美,是体现拓片整体美学价值的重要组成部分。

拓片构成的美学价值,受到了碑帖原石刻等表现对象的一些限制、影响,表现对象时在构图和其他一些艺术技巧上的水平高低,在一定程度上决定了拓片构图上的美感,但是这种影响是有限的。时间也是影响拓片构成美感的一个重要因素,在很多情况下,由于年代久远,碑石受到风化侵蚀,面目已和最初呈现在人们面前的面目已经有了很大的出入,这种由时间所造成的沧桑感和历史感,是新制作品中所不具有的。当然,影响拓片构成关系美感的主要因素还是拓制者的艺术素养,如果拓制者具有较高的艺术技巧和艺术理念,自然会在拓制过程中表现出更大的能动性,对原石刻器物等拓制对象的文字图案作出一定的修饰,进行再次创造,从而使拓片体现出与原石刻有所不同且更具表现力的面貌来。

二、历史价值

拓片是中国文化中非常重要的内容之一,拥有很高的历史价值和文物价值,拓片和拓片制作技术在中国历史长河中有过很长一段辉煌的时期,无论从功能上还是审美价值上,拓片都有着照片无法比拟的独特性,是照片无法替代的。

(一)拓片是中国文化的重要组成部分

作为一种中国古代艺术形式的拓片有两方面的原因决定了它是中国文化中的重要组成部分:

第一,拓片经历了一个比较长的发展时期,几乎贯穿了中国封建社会的各个朝代,中国文化的影响和熏陶在这一艺术形式中表现得比较突出。拓片具有很强的东方之美,不仅仅具有独特的艺术风格,而且折射出高度的东方艺术精神。拓片是中国古代比较常见的艺术形式,得到了人们的普遍认同,许多大型的拓片制作活动,都可以看到朝廷和皇家或鼎力支持,或亲自主持的身影。

在引领着时代文化潮流的"文人"阶层中,拓片和拓片制作技艺也受到了高度的重视,拓片的影响力甚至扩展到了普通百姓家。拓片对中国文化的传播起到了非常重要的作用,使中国文化在社会大众中的扩展呈几何级数的增长。拓片中包含许多重要的历史信息,一些年代久远的拓片,其本身大多已经成为珍贵的古代文物,在拓片的原始对象已经在历史长河中消逝的情况下,它就成为反映那个时期的政治、经济、文化等方面情况的重要佐证,具有很高的史料价值。

第二,拓片的制作技术,是在中国文化大环境下发展起来的一项手工制作技艺,也蕴含了很强的东方文化特色。拓片制作技术的一招一式,犹如中国传统舞蹈和杂技一般,在轻松自如中蕴含了高明、熟练、细腻、微妙、复杂的技术变化,体现了中国古代的美学思想和科技发展水平,映射着中国文化中特有的包容性和灵巧性,充分反映了东方哲学中人与自然和谐发展的追求。由于拓片制作技术发展过程的漫长,使这一技术超越了单纯技术层面的含义,带有很强的人文性特征,一部厚重的中国文化史浓缩在这小小的技法之中,即便是手法上的一个细微变化,也能体现出一段历史、一种文化。

拓片和拓片制作技艺具有高度美感,也承载着历史延续、变化的相关信息,作为中国文化宝库中的重要部分,应该得到传承和发扬,让它在保持传统文化特色的同时,注入新的活力,以适应新环境的变化和社会发展的需要。这一非物质文化遗产如果消逝在当代,是一件非常令人惋惜的事情。因此对于拓片和拓片制作技术的保护工作,需要引起足够的重视。

(二)拓片是照片不可代替的艺术品

中国古代的艺术作品,除了在纸、绢、陶、瓷、合金等载体上留存下来的一部分外,还有另外一部分是以雕刻和实物的形式出现。目前,通过照相的形式可以解决一部分以雕塑和实物形式出现的古代文物的保护问题,但仍然有一些东西,是照相技术所无能为力的。而拓片在某些以照片方式无法企及的领域却有着独特的优势,特别是针对器物中色调比较接近的细小铭文,拓片就显示出很大的优势,那些因为岁月的流逝而使得图案、文字显得模糊而破碎的情况,采用拓片的方法往往可以取得良好的效果。在拓片制作过程中,器物表面的细小凹凸变化经过人为的选择和处理,将有用的信息突出地表现出来,使之能更加明确、清晰和分明,可以更强烈的方式反映出物体表面最细微的起伏变化。当然现代影印技术的发展,让人们充分享受了科技带来的便利,通过照相制版的方法,大量的书籍被印刷出来,文化传播的途径也更加广泛,这在一定程度上削弱了拓片的重要性。但是,提取古代文物的铭文和图案,通过制作拓片仍不失为一种行之有效的保存方法,很多情况下,制作拓片甚至是唯一的保存方法。在文物保护领域经常有这样的事例:一个本来已经难以辨认的器物或铭文,在制作拓片以后,使可读性大为提高,为研究工作带来了很大的便利。这个事例说明,相对照片而言,拓片在某些领域具有更大的优势,并在这些领域将会把拓片长期地存留下去,所以从功能上讲,拓片是照片所不能替代的。

另外,拓片和照片具有不同的美学意义,拓片是中国传统文化影响下的产物,所具有的历史性和文化性,是照片这一艺术形式所不能比拟的,拓片传达出来的具有东方特色的美,也是照片所没有的,拓片和照片,固守着各自的审美领域,担负着不同的使命,具有不同的功能,都有各自存在的价值和空间,相互是无法替代的。在这样的现实状况下,保护和发展好拓片与拓片制作工艺,有着十分重要的意义。

第四节 拓片与拓片制作的现状

随着社会的发展和变化,文化形态的更替,拓片的使用范围和领域有所削弱,这一艺术形式已经逐渐远离人们的日常生活,变得较为少见了。与此相反,拓片作为中国传统文化的代表形式之一,其审美价值在今天却变得越发重要。当艺术品进入商业领域之后,拓片又成为了人们珍视的艺术品,受到广泛重视,价格较高。另外,拓片中孕育着大量的历史信息,具有较多的文物史料价值,在文物研究和文物保护领域有着非常重要的地位,许多古代拓片,本身已成为珍贵的文物,被各大博物馆所珍藏。

随着以机器大生产为特征的工业文明时代的来临,产生于中国古代农业文明时期的拓片制作技术,已经逐步退出了历史舞台,被更为先进的生产方式所替代。今天的拓片制作技术以一种具有文化象征意义的手工技艺出现在人们的面前。在文物保护等领域,拓片制作技术仍是一种重要的考古研究手段,依然具有非常重要的作用,为其他所不能取代。同时在目前的状况下,传统的制作技艺存在着一些影响和阻碍其发展的因素,比如对文物的损伤等,就阻碍了拓片的进一步发展和应用。这一点在本论文绪论中已经有较为详尽的叙述。在人们对非物质文化遗产非常重视的今天,拓片制作技术作为中国古代遗存下来的宝贵文化资源,应该得到应有的继承和发展。

目前,拓片与拓片制作技术的研究工作没有开展得很多,相关的专著、论文极少,就研究内容而言,也主要集中在对拓片和拓片制作的史料总结和技法总结两方面,对于拓片的美学价值和拓片的制作技艺等方面的研究还没有引起足够的重视。

综上所述,拓片是中国文化的重要组成部分,在农业文明时期,拓片对传播中国文化起到了非常重要的作用,经过长期的发展,拓片形成了众多的风格流派,具有很高的艺术价值。就是到今天,拓片这一艺术形式依然拥有重要的审美价值、文化价值和历史价值,拓片所拥有的特性,是其他艺术形式所不可替代的。

传统的拓片制作技术,有着较为复杂的制作流程和工艺要求,需要耗费大量的人力物力,在要求标准化的文物保护工作中,拓片的传统制作技艺已不能完全适应开展这一工作的需要。

拓片制作技术是一项重要的非物质文化遗产,具有较高的历史文化价值,应该很好地加以研究和保护。但目前这项技术的发展受到了限制,拓片制作的未来仍令人担忧,如何让拓片制作具有更大的灵活性和科学性,从而使这一艺术制作形式得到更好的延续和发展,是摆在研究者面前的一个重要课题。目前对拓片和拓片制作的研究,还局限在较小的范围,深入程度也还不够,专著、论文的数量极少,对拓片和拓片制作技术的发展产生了不利的影响。

第四章　采用数字图像处理技术实现
石刻数字拓片的研究

第一节　数字拓片的概念与研究目标

数字拓片是利用计算机图像处理技术对浮雕物(如石刻)实体的数字照片进行处理后,获得的具有传统拓片视觉特征的数字图像。如图 4—1 所示,数字拓片的研究目标是希望基于图像处理技术实现浮雕物件的数字拓片的自动

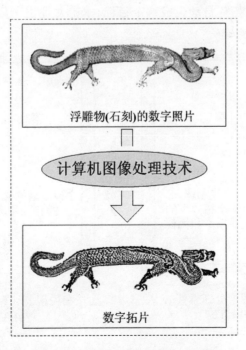

图 4—1　数字拓片研究目标示意图

生成。也即是说,当我们将一幅石刻的数字照片输入数字拓片制作系统后,只需通过简单操作,该系统就能自动生成一幅与该石刻图像相对应的数字拓片图像。

第二节 制作数字拓片的研究思路与方法

一、"二步走"的实现思路

数字拓片制作是一个新的研究课题,目前国内外相关的参考资料极少,因此,当制作数字拓片这一构想被提出的最初阶段,我们即面临着十分困难的局面,如:制作数字拓片的构想究竟能不能得以实现?该课题可行性有多大?能不能获得,以及如何才能获得较为理想的数字拓片图像效果等一系列问题。

数字拓片生成技术的实现,必须依靠现有计算机数字图像处理技术的支撑,在现有计算机图像处理研究成果的基础上进行反复实验。基于以上的思考,紧紧围绕数字拓片自动生成这个目标,本论文提出了数字拓片自动生成

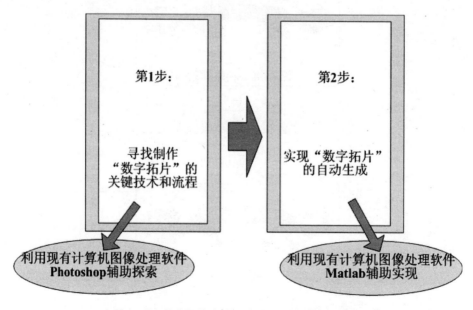

图4—2 数字拓片自动生成的"二步走"实现思路

"二步走"的实现思路,如图4—2所示:第1步是寻找实现数字拓片的方法和关键技术;第2步是实现数字拓片的自动生成。显然,前者是后者研究的前提和基础,后者是数字拓片研究工作的进一步完善。

　　数字拓片制作必须充分利用现有计算机图像处理技术反复进行各种实验。在探索制作"数字拓片"关键技术和流程的过程中,主要利用目前使用得最广泛、也最普及的 Photoshop 图像处理软件工具来辅助展开若干实验;而在实现"数字拓片"自动生成的工作中,主要利用 Matlab 计算机图像处理软件来实现(关于此问题将在后面相关章节作进一步说明)。

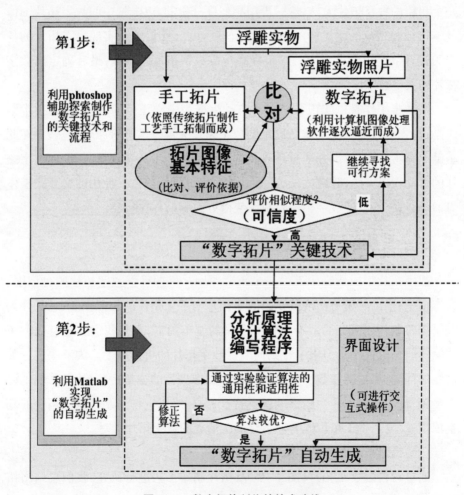

图4—3　数字拓片制作的技术路线

二、技术路线

由于寻找数字拓片自动生成方法的实验工作量非常巨大,因此,在整个实验过程中,我们采取先易后难、先粗后精的原则,根据各阶段不同的工作任务拟定了与之相适应的技术路线,如图4—3所示。

第1步工作以探索实现数字拓片的关键技术为中心任务,且采用如下的技术路线:首先通过逐步逼近法把逐次用计算机图像处理软件工具修改浮雕实物照片而得到的中间数字拓片与传统手工拓片样本进行比对和评价,建立一个粗略的数字拓片大样,然后再用相似度分析的方法,把中间数字拓片图像基本特征和相应的手工样本拓片作相似度计算,反复地对实现数字拓片的各个关键环节进行改进、补充,逐步提高生成数字拓片的精度,最后确定出数字拓片的关键技术。

第2步工作是以实现数字拓片自动生成为中心任务,我们采用的技术路线是:深入地对上一步工作已选定的数字拓片关键技术进行原理分析,并在此基础上完善算法设计、并通过计算机图像处理软件工具实现算法,形成数字拓片的自动生成方法;除此之外,还要设计一个可供用户方便使用的交互式操作界面,通过它可以使数字拓片的制作变得更为简单、便捷。

三、主要方法

数字拓片生成研究应遵循一个重要原则——即确保数字拓片的可信度。在本书中,提出所谓可信度就是指数字拓片与手工拓片的相似程度,它是评判数字拓片制作研究是否具有价值和意义的基本前提,于是我们在进行数字拓片制作研究时把注意力集中在如何确保数字拓片的可信度上。为解决这一关键性的问题,尽可能使数字拓片达到拓片图像独特的视觉特征,从而采取了以下措施及方法:提取拓片图像的基本特征,并始终以它作为制作数字拓片的基本依据;反复把手工拓片作为样本与逐次形成的数字拓片比对。

(一)提取拓片图像基本特征

通过对传统手工拓片(图4—4)及拓片制作工艺进行研究,我们总结出拓片图像的基本特征为:具有强烈反差的黑白图像,且有特殊的亮度对比关系,主要体现在目标石刻图像部分是黑色,而背景则为白色;拓片图像黑色区域内呈现丰富的、大小不等的颗粒状肌理,使拓片呈现出特殊的艺术美感;黑、白两种颜色的分布与石刻表面凸凹特征之间遵循一定的规律:即拓片图像中的黑色为浮雕物(石刻)的凸起部位,白色则为浮雕物(石刻)的凹陷部位,凹与凸之间形成强烈的对比;具有平面性和均匀性(即与光照条件无关,因而也没有光照不均导致的明暗差异、无阴影)。

图 4—4　川南泸县宋墓石刻手工拓片及局部肌理

　　除上述四个基本特征外,本书还对拓片图像的边缘特征进行了分析与研究。总结起来讲,拓片图像的边缘可以划分为虚边缘和实边缘两类,这种不同虚实边缘特征形成的原因,除了部分缘于工艺匠师在制作拓片过程中的主观处理外,更大程度是受石刻本身客观上固有的雕刻特征形成的。如图 4—5(a)由于该拓片所依托的石刻本身主要是以减地平钑的方式雕刻而成,石刻主体图像如剪纸般平整凸起,且与石地之间的落差及转角十分陡急,因此这类石刻的拓片图像的外轮廓呈现出清晰分明的实边缘特征;而图(b)中的拓片所依托的石刻本身主要是以压地隐起的方式雕刻而成,石刻主体图像呈弧面凸起,图与石地之间的落差十分和缓,没有明显的转角,因此基于此类石刻的拓片图像

减地平钑雕刻　　　　　　压地隐起雕刻

（a）实边缘　　　　　　　　（b）虚边缘

图4—5　两种不同风格石刻拓片图像边缘特征的比较及成因分析

的外轮廓呈现出柔和的虚边缘特征。

　　拓片图像的特征提取是制作数字拓片的基本依据,它明确了数字拓片应该达到的图像效果,从而避免了探索制作方法中产生的盲目性。

（二）样本比对法

　　在本书中,样本比对法是指:在用浮雕物数字照片制作数字拓片的过程中,严格参照手工拓片样本来进行比对实验(如图4—6所示),且手工拓片样本必须为同一浮雕实物的实际手工拓片。可见,比对实验所用样本的采集工作成为数字拓片研究过程中的重要环节,手工拓片样本在这一方法中有着非

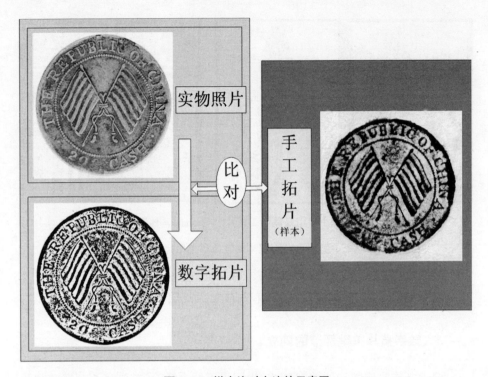

图4—6 样本比对方法的示意图

常重要的地位和作用,它成为探索制作数字拓片的又一重要参照系。

　　由于制作数字拓片样本比对实验所采用的石刻实物、实物照片、手工拓片样本之间有严格的对应关系,这在一定程度上制约了实验样本素材的采集。如何才能获得手工拓片样本以满足实验的需要,同时又不至于对珍贵的文物造成损坏,是我们首先面临的一个难题。为此,我们充分发挥艺术专业的特长和优势,采用等比例缩小的方法,仿制了泸县宋墓石刻的浮雕小模型作为原始文物的替代品。以后的实验结果证明,该方案十分有效,浮雕仿制模型既满足了不同角度、不同光线条件下模型照片的获取,也满足了在石刻浮雕仿制模型上制作手工拓片的需要,如图4—7(a)。除此之外,为了增加更多的实验样本,我们还找了部分与泸县宋墓石刻图像特征相类似的浮雕物品作为补充,并手工拓制了对应的拓片[图4—7(b)],通过这种方式,使数字拓片实验的比对样本得到了增加。

（a）仿川南泸县宋墓石刻的小模型及其手工拓片　　（b）其他浮雕实物及其手工拓片

图4—7　浮雕实物及其手工拓片

第三节　实现石刻浮雕图像的数字拓片关键环节研究

一、数字拓片关键环节的确立

探索制作数字拓片的关键环节，我们采用的方法是：首先将石刻浮雕物的数字照片与手工拓片图像进行特征比对，找到其中差异，确定出初步的缩减二者差异的图像处理方案，并依照此方案选用相应的图像处理方法对数字照片进行处理，在不断比对、修改的过程中，使其在图像效果上逐步逼近手工拓片的图像特征，最终确立出实现石刻数字照片向拓片图像特征转化的关键环节。

通过将石刻数字照片与手工拓片作比对研究[如图4—7(a)]，我们认为二者在图像特征上至少存在以下几个显著不同点，如图4—8所示：①数字照片中的目标图像（武士像）与背景图像的纹理特征、色彩特征一致，且无明显的亮度对比差异；手工拓片的目标图像（武士像）与背景图像的纹理特征、色彩特征均不相同，且有着十分明确的黑白对比关系。②数字照片是彩色图像，手工拓片则为无彩的灰度图像（此处主要针对墨拓，色拓不在讨论之列）。③数字照片有光照不均及阴影等现象，手工拓片与光照因素无关、无阴影，图像呈平面化特征。④数字照片灰度层次丰富多变，且图像中相邻像素变化较平缓，是连续色调图像；手工拓片图像灰度层次相对较少，且图像中的相邻像素呈黑白两极跳跃状变化,是非连续色调图像。⑤就目标图像(武士像)灰度的总体分布规律而言,数字照片与手工拓片图像完全相反,数字照片中石刻的凹陷处因背光呈暗色,凸起部分因受光而呈亮色;手工拓片则在石刻的凹陷处因无法拓墨而呈白色,凸起部分因拓墨而呈黑色。

　　根据上述图像特征差异,我们进一步归纳出将石刻浮雕物数字照片转换成数字拓片所对应的图像处理目标应该包括:提取"有意义的区域"即目标图像;背景为白色;彩色图像转换成灰度图;消除光照不均;将连续色调图像转换成非连续色调图像,获得黑白颗粒;使黑、白二色的分布规律符合"凹白凸黑"的特点。如图4—8所示。

　　在对石刻数字照片与手工拓片的图像特征差异有了粗略认识,并初步归

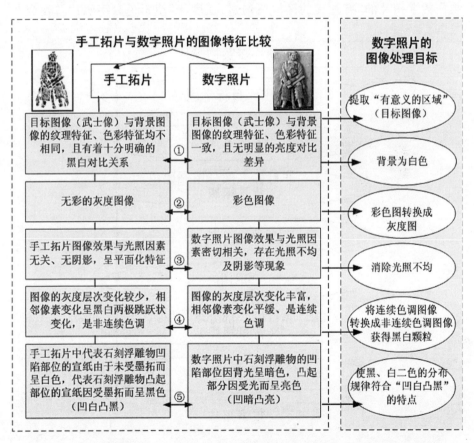

图4—8　石刻浮雕物数字照片与手工拓片图像特征比较及数字照片的图像处理目标

纳出数字照片相应的图像处理目标后,我们开始寻找能实现这种图像特征转变的图像处理软件。我们通过比对后发现,基于像素工作的图像处理软件Photoshop 具有图像编辑、图像合成、较色调色、特效制作等多种功能,可以满足实验需要,其友好的人机交互界面,使软件操作十分便捷,在一定程度上降低了劳动强度,同时该软件操作具有可逆性,便于数据和操作步骤的重复实验,也利于实验过程的记录和分析。因此,我们选定利用 Photoshop 图像处理软件来展开寻找数字拓片关键环节的工作。

经过反复多次试验及验证后,我们建立了一套制作数字拓片的关键环节,共有 7 个步骤,主要涉及 6 种操作,如图 4—9 所示。它们使前述图像处理目标(图 4—8 中所列)都逐一得以实现,即:通过"抽出"目标图像,提取到制作数字拓片的"有意义的区域";通过"灰度化"使彩色数字照片转换成灰

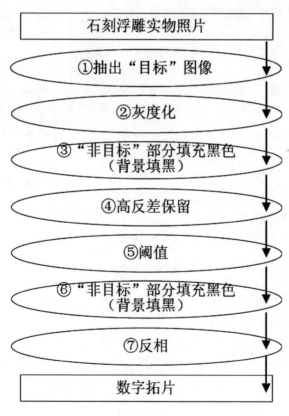

图 4—9　制作浮雕图像数字拓片的基本流程

度图像;通过"高反差保留"消除了光照不均;通过"阈值"处理,将连续色调图像转换成非连续色调图像,获得黑白颗粒;通过"反相"处理,使黑、白二色的分布规律符合"凹白凸黑"的特征;通过两次"背景填黑"处理,既起到了保护图像边缘特征的作用,又解决了背景获得与手工拓片相同的白色特征的问题。

需要指出的是,在利用 Photoshop 图像处理软件工具帮助探索数字拓片关键技术及基本流程的过程中,除了需要比对、分析石刻浮雕图像及手工拓片样本的特征差异,以及选择恰当的图像处理功能对浮雕图像进行处理外,在一些制作环节还需要我们进行参数值的选择与设定。方法和流程虽然相同,但参数值的选择不同,产生的数字拓片的图像效果会有明显的差异。其中,高反差保留与阈值两个环节的影响最为突出。下面我们将对数字拓片 6 种操作的工作原理及相关参数选择作逐一分析。

二、数字拓片的实现方法及相关参数设置

(一)抽出操作

由于拍摄的石刻浮雕物照片会有一些不必要的背景图像,因此我们在制

(a)原始照片　　　　　　　　　　(b)抽出的目标图像

图 4—10　抽出操作前后的效果比较

作数字拓片时需要将感兴趣的目标图像从背景中提取出来(图4—10)。我们采用 Photoshop 图像处理软件中的抽出操作即能完成这项任务。它也是属于图像的分割,只不过这种分割更多体现的是图像的几何分割。在 Photoshop 中,能够完成类似任务的操作还有套索工具、魔棒工具、橡皮擦工具等,然而就数字拓片而言,抽出操作比其他操作更具优势,它能使被处理图像的边缘效果更自然,最终获得与手工拓片最相似的数字拓片(图4—11)。

(a)使用抽出操作　　　(b)使用套索工具　　　(c)手工拓片

图4—11　分别使用抽出操作与套索工具得到的数字拓片图像比较

(二)灰度化操作

利用计算机图像处理技术将石刻浮雕物的彩色图像制作成数字拓片,则需要首先将彩色图像转化为灰度图像,即图像的灰度化(图4—12)。灰度图像如同黑白照片,仅有亮度信息而无色彩信息,它是由 256 个等级的灰色组成的 8 位精度图像,亮度取值范围为 0—255 之间的整数值,0 表示最暗(全黑),255 表示最亮(全白)。另外,将彩色浮雕图像转化成灰度图的另一个原因是当彩色图转换成灰度图时,图像的数据量也随之大幅度减少,从而节省了系统的存储与处理开销,大大加快了图像的处理速度。

在 Photoshop 软件工具中,图像的灰度化处理可以将彩色图像中的红绿蓝三个颜色通道按照不同的比例转化为只有一个黑色通道的灰度图像，通常取红色值 30%，绿色值 59%，而蓝色值仅为 11%，具体计算公式表示如下：

gray=0.30×R+0.59×G+0.11×B

式中，gray 代表灰度值，R、G、B 分别代表红色、绿色和蓝色的分量值。[①]

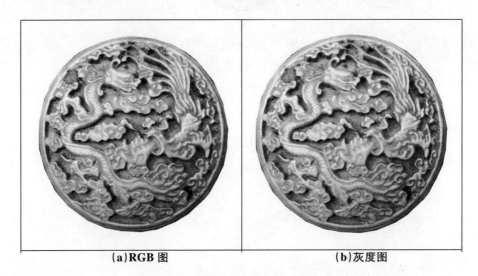

(a)RGB 图　　　　　　　　　　　(b)灰度图

图 4—12　灰度化操作前后的效果比较

(三)背景填黑操作

背景填黑是指对非目标部分进行黑色填充。数字拓片流程包含 2 次背景填黑操作，然而它们分别有着不同的目的和意义。第一次背景填黑是在高反差保留操作前进行，其目的是让数字拓片图像的边缘获得较为理想的轮廓线效果，使数字拓片的图像效果与手工拓片更相似。图 4—13—(a—1)(b—1)是未经背景填黑操作的数字拓片，目标图像的边缘不明确，呈虚化状态；图 4—13—(a—2)(b—2)是经背景填黑操作后的数字拓片，目标图像边缘明确，获得了与手工拓片十分相似的富有一定变化的黑色轮廓效果；第二次背景填黑是在阈值操作后、反相操作前进行，其目的是使反相后的数字拓片获得与手工拓

————————

① 参见蒋先刚：《基于 Delphi 的数字图像处理工程软件设计》，中国水利水电出版社 2006 年版，第 1 页。

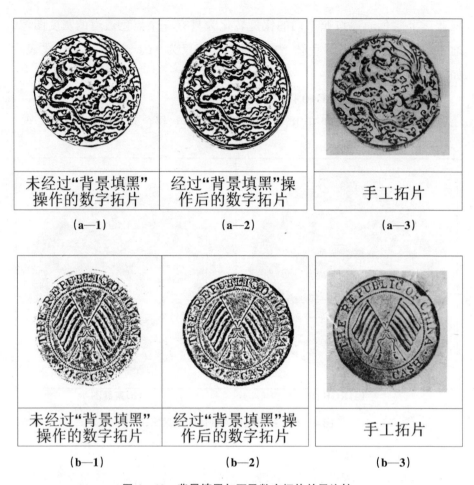

图 4—13　背景填黑与否及数字拓片效果比较

片相同效果的白色背景(图 4—18)。

(四)高反差保留操作

　　高反差保留操作(High Pass)是 Photoshop 图像处理软件中较为独特的一种滤镜。它不是直接使图像形成某种特殊效果,而是在图像被正式处理前以辅助形式帮助图像获得更为理想的效果。因为在对石刻浮雕物拍摄时,由于不可避免地会存在一定光照不均的现象,会成为石刻浮雕图像中的干扰因素直接影响数字拓片的图像效果。而高反差保留操作恰好能按照预先设定的像素半径范围,衰减图像中颜色变化平缓的部分,保留图像中颜色变化强烈的部分,从而消除不必要的阴影,获得亮点突出。[①]在对石刻浮雕灰度图作阈值操作前进行高反差保留操作,能更好地保证从具有连续色调的石刻浮雕灰度图中提取出鲜明的黑白区域,从而使数字拓片达到更理想的效果(图 4—14,图 4—15)。

图 4—14　经高反差保留处理制作的数字拓片

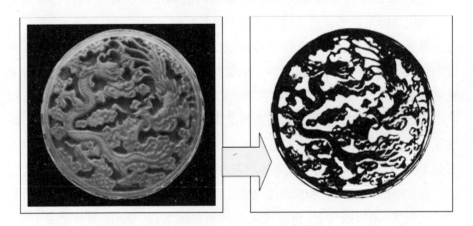

图 4—15　未经高反差保留处理制作的数字拓片

　　在高反差保留操作中,像素半径的取值范围在 0.1~250 之间,设定不同的像素半径参数,将直接影响数字拓片图像的最后效果。如图 4—16 所示,像素半径值设定越大,像素对比越明显,图像明暗反差就越强烈,相反,像素半径值设定越小,像素变化越平缓,图像明暗反差就越弱;通过与手工拓片进行比较,

---

　　① 参见关文涛:《选择的艺术 Photoshop CS 图像处理深度剖析》,人民邮电出版社 2005 年版,第 203 页。

我们发现当像素半径值取值为 30 时,得到的数字拓片所保留的图像信息与手工拓片效果最相近。因此,我们将制作数字拓片过程中高反差保留操作的半径值确定在 30。

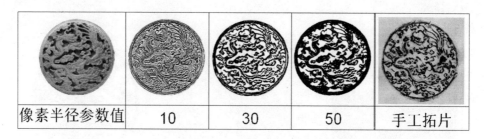

像素半径参数值	10	30	50	手工拓片

图 4—16 高反差保留操作取不同值得到的数字拓片图像效果比较

(五)阈值操作

在 Photoshop 图像处理软件中,图像的阈值操作即二值化处理时,通过适当的阈值选择可以将具有连续色调的图像转换成单纯的黑白效果。[①]黑白的分布遵循下面原则:在 0—255 灰度值范围内设定一个门限作为阈值,所有灰度大于或等于阈值的像素被归为一个层次,如灰度值设为 255,该区域的像素全部变成白色;所有小于阈值的像素被归为另一个层次;若灰度值设为 0,则该层次的全部像素变成黑色。在良好光照条件下拍摄的石刻浮雕物图像,能比较客观地反映石刻浮雕物的表面状况。对于无色彩差异和明暗差异的单色石刻浮雕图像来说,石刻浮雕图像的灰度变化主要取决于表面的凹凸起伏变化。通常凹凸起伏变化越小,阴影越弱,该区域灰度差异就越小;相反,凹凸起伏变化越大,阴影越明显,该区域灰度差异也越大,有的甚至发生灰度突变。若干细微的凸凹变化会产生出若干细微的明暗灰阶。由于手工拓片制作工艺的特殊性,决定了拓片图像的黑白分布与石刻浮雕表面凹凸起伏的变化密切相关。一般情况下,石刻浮雕物凸起部位因接触捶拓的几率及次数较多,致使拓片上对应部位的墨色相对较深;相反,石刻浮雕物凹陷部位因接触捶拓的几率及次数较少,拓片上对应部位的墨色也就较浅,甚至有的部位由于触及不到

---

① 参见关文涛:《选择的艺术 Photoshop CS 图像处理深度剖析》,人民邮电出版社 2005 年版,第 287 页。

墨色而呈现出白纸的本色。石刻浮雕高低突变剧烈的地方往往成为拓片图像黑白对比最鲜明之处。手工拓片以平面方式提炼、记录下的石刻浮雕物表面最突出的图像形状和结构等造型信息，滤掉了诸如色彩、光影等信息的干扰，从而获得了单纯而强烈的黑白图像；而阈值处理同样是提炼出极度跳变性的单纯黑白图像，二者的原理都与高低凹凸起伏相关，所不同的是两种图像的黑白分布规律正好相反。石刻浮雕表面凸起处，受光相对较多，图像的像素越亮；而拓片图像中的白色则常常代表浮雕凹陷处而非凸起的部位。正因为如此，才需要下一步的反相操作。

灰度阈值变换可以通过下面的函数表达式来实现：

$$f(x) = \begin{cases} 0 & x < T \\ 255 & x \geq T \end{cases}$$

式中，T 为指定的阈值。通过该公式，可以很容易的划分出图像有代表性部分的黑白区域。

在阈值操作中，不同参数的设置对数字拓片图像效果的影响较大。图4—17 为阈值色阶取不同值时得到的数字拓片图像效果比较。如图 4—17 所示，当阈值设定越大，像素变成白色的区域就越大，图像就越亮；相反，当阈值设定越小，像素变成黑色的区域就越大，图像就越暗。通过与手工拓片进行比较，我们发现当阈值设为 128 时，得到的数字拓片图像与手工拓片效果最相似。因此，我们将阈值色阶确定在 128。

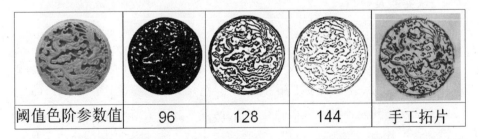

| 阈值色阶参数值 | 96 | 128 | 144 | 手工拓片 |

图4—17　阈值色阶取不同值所得到的数字拓片图像效果比较

（六）反相操作

反相是指反转图像中的黑白度，即将图像中每个像素的亮度值转换为256 级黑白度值范围内与之对应的相反值。例如，图像中值为 255 的像素会被转换为与之反相的值 0，值为 5 的像素会被转换为与之对应的反相值 250。

待处理像素的反相灰度值的计算：

像素的反相灰度值=255—像素的当前灰度值

由于经过阈值处理后的图像已经是只有黑白二色的二值图像，故此时的反相则较为简单，即图像中值为 1 的像素转换成 0，值为 0 的像素则转换成 1。

这是数字拓片的最后一个流程。如前所述，阈值处理后的图像与拓片图像在黑白分布上刚好是相反的，因此，必须对像素进行反相操作，才能获得最终的数字拓片图像（图 4—18）。

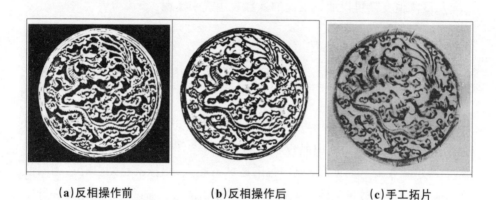

(a)反相操作前　　　　　　　(b)反相操作后　　　　　　　(c)手工拓片

图 4—18　反相操作前后的数字拓片效果比较

三、实验及分析

(一)实验验证

我们按照以上实验确定的数字拓片制作流程制作了川南泸县石刻小模型照片的数字拓片，并与其手工拓片进行比较，结果比较满意[图 4—19—(a)]。按此方法制作其他各种浮雕物的数字拓片，并与其手工拓片进行比较，结果也比较满意。其中，高浮雕物的数字拓片图像比较清晰，能较好地解决手工拓片的变形问题[图 4—19—(b)]；而浅浮雕物数字拓片图像的噪音则相对较多[图 4—19—(c)]。此外，图 4—20 是用此方法制作的部分川南泸县浮雕石刻的数字拓片局部效果图。

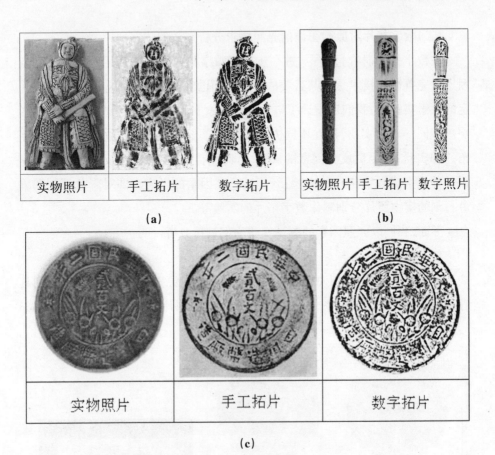

图 4—19　数字拓片与手工拓片的比较

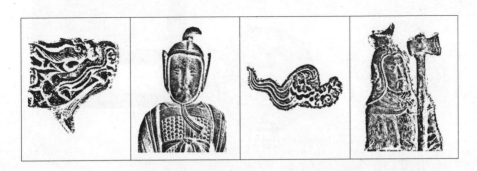

图 4—20　制作的部分泸县石刻的数字拓片(局部)

(二)数字拓片对原始图像的光照要求分析

在数字拓片研究过程中,进一步明确数字拓片技术的适用范围及其受制因素对完善制作技术是极其必要的。除前面已经介绍的基本流程和参数值确定的探索实验外,我们还设计了以下几种探索实验内容:①测试光照因素的影响。即同一浮雕实物,用在不同方向的光照条件下拍摄的实物照片制作数字拓片的实验;②测试反光因素的影响。即用有反光实物与无反光实物的实物照片分别生成数字拓片的实验;③测试色差因素的影响。即对彩色石刻和单色石刻的实物照片分别制作数字拓片的实验等。

下面,我们以光照因素的测试实验为例进行分析说明:

1. 实验设计

将同一个浮雕实物(如印泥盒盖)置于不同光源条件下进行拍摄,得到具有不同光感效果的 2 幅图像(如图 4—21 的实物照片①②);然后用 Photoshop

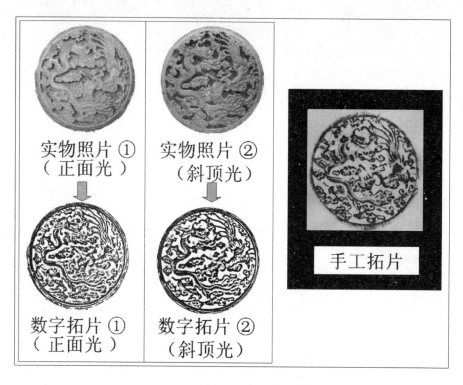

图 4—21　不同光照拍摄浮雕图像的数字拓片比较

图像处理软件分别将它们按相同的方法与步骤制成数字拓片；并对 2 幅新生成的数字拓片图像效果加以比较。(注:整个数字拓片的制作过程,是严格参照该印泥盒的手工拓片进行的)。

2. 实验分析

即使是同一实物,由于处在不同光照情况下进行拍摄,所得的图像效果有着明显的差异,将它们按相同方法与步骤进行图像处理后所得到的对应数字拓片,其图像结果存在着差异。具体表现为:受正面光照射时,实物照片①中图底("龙"为图,非"龙"部分为底)的反光比实物照片②更加明显,所得到的数字拓片①空底部分的斑点就多。这些斑点对主体(龙)的图像造成一定的干扰,不利于主体图像形成鲜明、直观的视觉效果。相比较而言,实物照片②由于斜顶光的因素,图与底的明暗反差强烈,龙形突出,所得数字拓片②空底部分的干扰斑点几乎没有,主体图像鲜明。

若在良好光线(即没有反光)情况下拍摄得到的实物照片,经过 Photoshop 图像处理软件处理后,能够获得与手工拓片十分相似的图像效果。

3. 实验初步证明

光线因素对数字拓片的生成影响较大。如实物表面呈现的反光越强,就越不利于生成理想质量的数字拓片。因此,若希望生成理想质量的数字拓片,需尽量使用于生成数字拓片的实物照片满足没有反光的拍摄条件。

四、小结

本节提出了一套用浮雕实物的数字照片来制作数字拓片的方案。在研究数字拓片技术的过程中,为了确保数字拓片的可信度,我们采用了样本比对方法;在采集比对样本时,充分发挥了艺术专业的学科优势,严格按照传统拓片制作流程及方法,手工拓制了浮雕实物的拓片。实验结果表明,采用该方法制作数字拓片的标准化研究方法,是行之有效的,并通过实验验证了该方案的有效性。

第四节　实现石刻浮雕图像的数字拓片
自动生成流程研究

尽管利用 Photoshop 图像处理软件可以很方便地开展第 1 步工作(即探索制作数字拓片的关键技术和流程),但是该工作必须经过人工干预才能制作出数字拓片,它本身并不能实现数字拓片的自动生成。为进一步完善数字拓片制作技术,我们需要在此基础上,进一步探讨如何实现石刻浮雕图像数字拓片的自动生成,使之成为一种便捷、实用的工具。

MATLAB 是目前国内外应用十分广泛的图像处理软件,它具有强大的图形矩阵处理功能,其内部提供了大量常用的图像变换和图像处理程序,这些程序以函数形式保存在 Image 工具箱中,且语法也较为简单,因此用户可以方便地调用和对其加以适当修改来满足不同的需求,从而可以免去过多繁杂的子程序编程任务,为主体工作节省出宝贵的时间。基于此,本书主要利用 MAT-LAB 图像处理软件来编写程序以实现数字拓片的自动生成。

在进行编程工作之前,必须首先对已确立的基本流程和主要功能进行相关的分析,了解其在数字拓片制作过程中的实际效用,从而为算法流程设计提供重要依据。

一、数字拓片关键技术解析

如表 4—1 所示,在实验研究过程中,我们可以十分快速地确定出采用 Phtoshop 软件工具中的灰度、阈值、反相等处理功能所对应的 MATLAB 图像处理技术,然而对于其他功能所对应的 MATLAB 处理方法则很难确定。如选用 MATLAB 的何种处理方法才能实现"高反差保留"的图像处理效果? 采用何种方法才能实现目标浮雕图像的背景填黑? 以及最后又怎样除去黑色背景? 等等,这三个问题成为了这一阶段我们采用 MATLAB 图像处理软件所面临的主要研究难点。

表4—1　采用 MATLAB 实现数字拓片图像处理任务的三个难点

序号	数字拓片的图像处理任务	Photoshop 的相关功能	MATLAB 数字图像处理技术
1	浮雕彩色图转换成灰度图	灰度	灰度化
2	获得拓片的黑白颗粒	阈值	二值化
3	获得拓片图像凹白凸黑的黑白分布特点	反相	色度反转
4	消除光照不均	高反差保留	?
5	拓片图像边缘特征保护	背景填黑	?
6	获得拓片图像白色背景特征	去除黑色背景(背景填白)	?

对此难点我们采用以数字拓片图像处理任务为依据,通过大量实验来探索并确立数字拓片的关键技术。下面对探索过程作逐一分析。

(一)灰度化、二值化和色度反转

通过分析前述拓片图像的典型特征,我们初步确定:当石刻彩色图像经灰度化处理后,将其制作成数字拓片所必需的基本方法为二值化和色度反转,如图4—22所示。

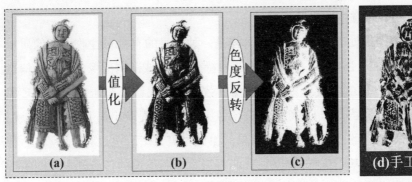

图4—22　简单二值化图像与手工拓片对比

我们运用简单二值化方法(设阈值为 0.5)对石刻图像(a)进行处理后,获得由黑白像素组成的图像(b),该图像在色调特征方面就由原来的连续色调变成了非连续色调,从而具有拓片图像的肌理感。然而此时图像(b)的凹黑凸白特征与拓片图像凸黑凹白的特征恰好相反。通过色度反转处理后将黑、白色互换,使其符合拓片图像的黑白分布规律,效果如图像(c)所示。

将图像(c)与手工拓片图像(d)进行比对后我们发现:初步得到的数字拓片图像(c)只是初步趋近于手工拓片图像的特征,它仍然存在两个问题需要进一步解决:

1. 光照不均匀问题

由于石刻图像在采集和传输过程中不可避免会产生噪声及光照不均的影响,而使用一个固定的全局阈值对整个石刻图像进行二值化处理时,由于不能兼顾图像各部分的具体情况而导致所得数字拓片图像的质量不高:图像中光线较强的区域在二值化处理后勉强能表现其纹理,而光线较弱或处于阴影区域的部分则由于和背景像素的灰度值接近,在二值化时将其判别为背景,导致图像中大量的纹理细节丢失。可见,要获得理想的数字拓片就必须在二值化前先进行图像预处理,故以此方法来解决石刻图像的光照不均匀问题。

2. 去除黑色背景问题

在目标图像与背景的黑白对比关系上,图像(c)的黑色背景与手工拓片图像(d)的白色背景不相符。因此,要获得理想的数字拓片还必须解决黑色背景问题,使其变为白色背景。

(二)图像增强消除光照不均

在数字图像处理技术中,图像增强是一种有目的有针对性改善图像质量的方法,它可以突出图像中感兴趣的某种特征,消除或削弱图像中的无用信息和干扰信息。[①]在《实现石刻浮雕图像的数字拓片关键环节研究》一节中,我们通过高反差保留操作,消除了石刻图像中的阴影,提取出鲜明的黑白区域,获得了较为理想的数字拓片图像效果。由此可见,高反差保留其实就是一种图像增强方法。基于这样的分析,我们将消除光照不均的任务锁定在图像增强方法的选择上。

图像增强的方法很多,有直方图变换增强、灰度变换增强、空间域滤波增强、频域滤波增强、算术/逻辑操作增强等。我们选择常用的图像增强方法对石刻图像进行增强处理实验,然后对处理结果进行比较,并以此来确定适用于

---

① 参见四维科技、胡晓峰、赵辉:《Visual C++/Matlab 图像处理与识别实用案例精选》,人民邮电出版社 2004 年版,第 52 页。

(a)高通滤波 **(b)**拉普拉斯算子

(c)高帽低帽 **(d)**中值滤波 **(e)**均值滤波

图 4—23 几种图像增强方法的效果图对比

石刻图像的增强方案。

　　如图 4—23 所示,(a)、(b)、(c)、(d)、(e)分别是运用高通滤波、拉普拉斯算子、高帽低帽①、中值滤波、均值滤波等方法对石刻图像进行处理后得到的

―――――――――

① 参见李勇明:《尿沉渣图像自动识别算法的研究》,重庆大学博士学位论文 2006 年,第 22 页。

效果图。通过比较可以看到,图(a)、(b)虽然能很好解决光照不均匀的问题,但两者的像素特征均与拓片图像相差甚远。相对而言,图(c)、(d)、(e)呈现的效果与拓片图像特征更加接近,但它们之间仍然存在图像质量的优劣差异。图(c)中存在太多的白色噪点,导致黑白形象对比不鲜明,且图像部分区域(如头盔左侧顶部)光照不均匀问题未能得到很好的解决;图(d)虽然未出现过多白色噪点,但其局部区域花乱无序的黑白颗粒导致形象结构含糊不清;图(e)则较好地解决了光照不均问题,且形象结构鲜明清晰。

为确保找到最优方案,我们进一步对中值滤波、均值滤波两种方法的处理效果作了比较。中值滤波是一种非线性处理方法,它采用一个滑动窗口在图像中进行上下左右扫描来实现图像的平滑处理,通过将窗口内包含的各像素灰度值排序来找出中间值,并以它替代中心像素点的灰度值。这种滤波方法产生的模糊现象比较少。但是中值滤波算法实现比较复杂,且处理尺寸较大的图像时的系统开销也较大。均值滤波是典型的线性滤波算法,它能实现图

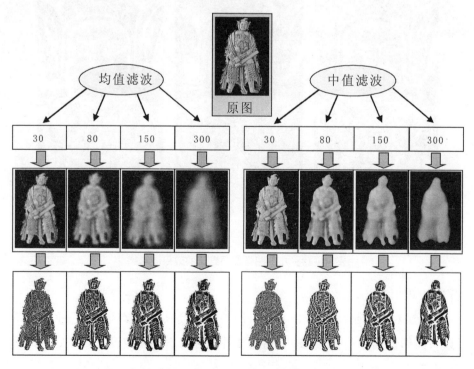

图 4—24　分别用均值滤波与中值滤波所得"数字拓片"的效果比较

像局部区域的平均处理功能,用局部区域 N 内各像素灰度的加权均值 h(i,j)
来替代域中心象素值 f(k,l),能达到平滑图像,滤除局部噪声的目的。如图
4—24 所示,我们以均值滤波和中值滤波方法分别对石刻照片原图进行处理,
从显示的效果图看,边缘像素特征的区别就凸显出来了,尤其是滤波窗口越
大,二者差异就越明显。均值滤波图像的边缘呈模糊状,所得数字拓片图像很
好地保留了图案外部轮廓的细节特征;中值滤波图像的边缘呈清晰状,图案外
部轮廓细节特征被概括和削减,所得数字拓片图像出现造型上的严重失真。

在图像增强处理中,我们还用到了算术操作增强法。以像素对像素为基
础在两幅图像或多幅图像间进行算术操作可以实现图像增强,减法处理就属
此类方法,它可以增强两幅图像的差异。因此我们用该方法来增强均值滤波
处理前后两幅图像的差异,通过将滤波前后的两图像相减,产生另一幅新图
像,如图 4—25(a)、(b)、(c)。

　　(a)原图　　　　(b)均值滤波后效果　　(c)图像相减后效果　　(d)二值化后效果

图 4—25　用均值滤波+图像相减+局部阈值法消除光照不均的效果图

在充分考虑石刻图像局部区域特征的情况下,我们选用局部阈值法对图
像进行二值化处理。通过将原始石刻图像分成几个互不交叠的矩形子图像区
域,分别求出每个子区域的最优分割阈值,然后按照相应阈值对图像不同部分
分别进行二值化处理。由于局部自适应阈值法会使处理后的图像在不同子图
像的边界处形成灰度的不连续分布,因此我们进一步将它与均值滤波技术相

结合来消除灰度的不连续性问题。

经过反复实验比对,我们最终确定采用"均值滤波+图像相减+局部阈值法"对图像作增强处理。该方法能够很好地解决石刻图像光照不均匀的问题,如图 4—25。

算法具体步骤如下:

(1)均值滤波:用公式(4.1)修改每个像素的值。

$$\hat{I}(x,y) = \frac{1}{mn}\sum_{s,k \in S_{xy}} I(s,k) \tag{4.1}$$

其中,$I(x,y)$ 代表坐标为(x,y)的像素值,S_{xy} 表示以点(x,y)为中心,窗口区域尺寸为 $m \times n$ 的矩形子图像的坐标组,$\hat{I}(x,y)$ 代表经均值滤波后的像素值。

(2)图像矩阵相减:用公式(4.2)将滤波前后两幅图像相减得到差异图。

$$I'(x,y) = I(x,y) - \hat{I}(x,y) - C \tag{4.2}$$

$I'(x,y)$ 代表原像素值和邻域像素均值的差异,C 为正的常系数(通常为正数,本书中设定为 0.03)。

(3)阈值法二值化:整个图像看成是由一系列窗口大小为 m×n 的矩阵区域所构成,将图像进行窗口均值滤波之后再二值化,其作用就相当于用公式(4.3)对图像各个局部窗口区域进行了二值化处理。

$$I^{\circ}(x,y) = \begin{cases} 0 & I'(x,y) \le T \\ 1 & I'(x,y) > T \end{cases} \tag{4.3}$$

$I^{\circ}(x,y)$ 为算法修改后的像素值,T 为阈值,$I'(x,y)$ 小于或等于该阈值时取值为 0,大于时取值为 1。

该方法用窗口区域内各像素灰度的加权平均值来替代域中心的像素值,从而删除每个窗口区域中色调变化平缓的部分而保留灰度变化较大的部分。从图 4—26(a)原始图像的 RGB 三维显示可以看出:像素值比较密集,二值化难以区分前景和背景;图 4—26(b)是原始图像减去均值滤波后的差异图像三维显示,其像素的分布相对松散,有利于目标图像和背景的区分。也即是说,由于整体像素值之间的差异得到增强,对于原始图像的像素集合而言就相当

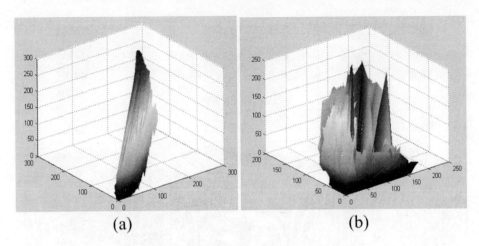

(a)　　　　　　　　　　　　(b)

图 4—26　均值滤波前后差异图像的三维显示

于一个阈值曲面,便于二值化处理。图 4—25(d)显示经过该方法得到的二值图像使阴影消失而纹理变得更突出,满足了拓片的平面性特征。

　　窗口区域大小的不同取值会直接影响所得数字拓片图像的效果。当取值越小,数字拓片颗粒越小;相反,当取值越大,数字拓片颗粒越粗。另外,不同尺寸的图像大小也会影响数字拓片的效果。在处理方法相同的情况下,图像尺寸越小,数字拓片颗粒越粗,尺寸越大,数字拓片颗粒越细。图 4—27 分别展示出设置三种不同大小区域所得的图像效果。在以手工拓片图像特征为参照并经过若干比对实验后我们发现:窗口区域取值分别为 10×10 和 150×150 时所得的数字拓片图像在颗粒特征上均存有缺陷,前者保留细节过多,后者则损失细节过多,而且两者的画面形象特征不明显;当区域大小为 80×80 时,数字拓片图像颗粒特征突出且符合一般手工拓片的肌理美感,画面形象特征鲜明。因此,我们将矩形子图像区域中的 m 和 n 都取值为 80。

　　通过对多种不同的石刻图像进行测试实验证明均值滤波窗口矩形的大小 m、n 均取 80 时,二值化后均能取得良好的效果,见图 4—28。

　　(三)图像融合去除黑色背景

　　对于如何去除图 4—25(d)中的黑色背景。我们采用的方法是:首先制作一个目标模板,然后用图像融合方法将该目标模板与前面得到的初步数字拓片图像相融合。

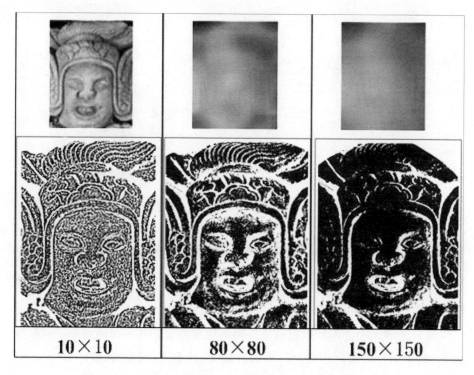

图 4—27　滤波窗口区域大小不同所得数字拓片图像效果比较

1. 用图像分割法求取目标模板

传统的图像分割通常采用阈值分割和边缘检测两大类。由于阈值分割法仅考虑图像的灰度信息，而忽略了图像中的空间信息。因此对于图像中灰度差异不明显或各物象灰度值范围有较大重叠的情况，采用阈值分割法很难得到令人满意的处理结果。而边缘检测法是基于局部信息的，要求不同区域之间边缘上像素灰度值的变化比较剧烈。因此我们选用了局部和全局相结合的阈值分割法来求取目标模板。

其算法步骤如下：

(1) 用前述(4.1)的公式进行均值滤波；

(2) 对比度拉伸：

$$I''(x,y) = \frac{\hat{I}(x,y) - \hat{I}_{min}}{\hat{I}_{max} - \hat{I}_{min}} \times 255 \tag{4.4}$$

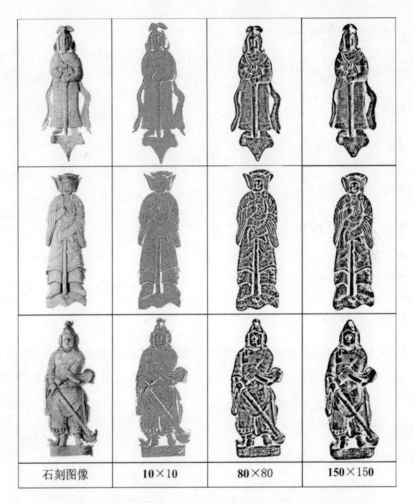

| 石刻图像 | **10×10** | **80×80** | **150×150** |

图 4—28 不同石刻图像选取不同滤波窗口尺寸所生成的数字拓片

$\hat{I}(x,y)$ 为图像 (x,y) 位置的像素值，$\hat{I}_{min}$ 为图像中最小像素值，$\hat{I}_{max}$ 为图像

中最大像素值，$I''(x,y)$ 为计算后图像 (x,y) 位置的像素值。

（3）用 Otsu 法求解最佳阈值 T^*

$$
\begin{aligned}
C_0 &= \{0,1,...,t\} \\
C_1 &= \{t+1,t+2,...,l-1\} \\
p_i &= n_i/N,\ (p_i \geqslant 0, \sum_{i=0}^{l-1} p_i = 1)
\end{aligned}
\tag{4.5}
$$

$$\omega_0 = P_r(C_0) = \sum_{i=0}^{t} p_i = \omega(t),$$

$$\omega_1 = P_r(C_1) = \sum_{i=t+1}^{l-1} p_i = 1 - \omega(t),$$

$$\mu_0 = \sum_{i=0}^{t} ip_i / \omega_0,$$

$$\mu_1 = \sum_{i=t+1}^{l-1} ip_i / \omega_1.$$

$$\sigma_0^2 = \sum_{i=0}^{t} (i - \mu_0)^2 p_i / \omega_0,$$

$$\sigma_1^2 = \sum_{i=t+1}^{l-1} (i - \mu_1)^2 p_i / \omega_1.$$

$$\sigma_\omega^2 = \omega_0 \sigma_0^2 + \omega_1 \sigma_1^2,$$

$$\sigma_B^2 = \omega_0 \omega_1 (\mu_1 - \mu_0)^2,$$

$$\sigma_T^2 = \sigma_B^2 + \sigma_\omega^2.$$

$$T^* = I''_{\max(\sigma_B^2 / \sigma_T^2)}(x, y),$$

其中,t 为随机选择的灰度值,作为阈值的这个灰度值将所有的灰度值划分为 C_0 和 C_1 两类,l 为灰度的最大取值, p_i 为每个灰度值出现的概率,N 为象素的总数, n_i 为灰度 i 的像素数, $\omega_0, \omega_1, \mu_0, \mu_1, \sigma_0^2, \sigma_1^2$ 分别为 C_0 和 C_1 两类的概率、均值和方差; $\sigma_\omega^2, \sigma_B^2, \sigma_T^2$ 分别为类内方差、类间方差和总的方差; T^* 为选取的最佳阈值的灰度值。

(4)二值化:

$$I^b(x, y) = \begin{cases} 0 & I''(x, y) \leq T^* \\ 1 & I''(x, y) > T^* \end{cases} \tag{4.6}$$

$I''(x, y)$ 为经对比度拉伸后图像 (x, y) 位置的像素值, T^* 为 Otsu 算法求得的阈值,如果像素值小于等于 T^*,将该像素值置为 0,否则为 1。

图 4—29 较为直观地展现了上述算法步骤求取目标模板的过程,主要涉及均值滤波、对比度拉伸、Otsu 二值化等。均值滤波可以平滑图像局部细小的差异,有利于更好地进行对比度拉伸处理。石刻图像在采集过程中因亮度不足,其灰度被局限在一个很小的范围,缺乏层次感,图像的视觉效果不明显。为有效提取目标石刻图像的轮廓及形状,我们对均值滤波后的图像进行了对

比度拉伸方法处理以增强目标与背景的亮度反差。对比度拉伸又叫灰度拉伸,是一种图像的灰度变换方法,经过线性变换函数将原图像灰度值映射到一个更大的范围,形成一个新的灰度值,通过提高图像处理灰度级的动态范围来达到增强图像对比度的目的。用 Otsu 方法计算出最佳阈值,并按照该阈值将图像二值化,从而有效地提取出目标石刻图像的轮廓及形状,获得目标模板。

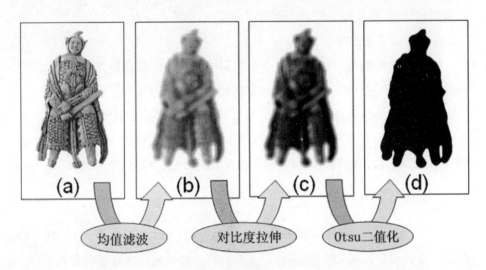

图 4—29　求取目标模板的过程示意

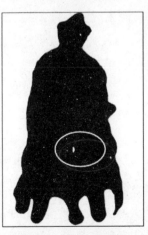

(a)仅采用 Otsu 方法图像　　(b)采用均值滤波＋Otsu　　(c)采用均值滤波＋对比度拉
　　　　　　　　　　　　　　　方法处理后的图像　　　　　伸＋Otsu 方法处理后的图像

图 4—30　目标图像模板求取

求取目标模板所需步骤的依据如图 4—30 所示：从图像(a)可以看出如不进行均值滤波而直接采用 otsu 方法，图像则仍然保留了大量的局部细节，图像(b)是经过均值滤波后再进行 otsu 二值化处理的结果，图中大量细节被去掉，但仍残留了少许白点，说明目标和背景的亮度差异还不够大，还存在误判的情况。因此，在对均值滤波处理后的图像采用 otsu 方法处理之前，先对它进行对比度拉伸处理，便获得了较为理想的目标模板，如图像(c)。

2. 图像融合去除黑色背景

图像融合即图像合成。对大小和类型均相同的两幅图像作加运算，能将一幅图像叠加到另一幅图像上，形成新的效果。

按照以下公式将图 4—31(b)的目标模板叠加到前述"图像增强"处理后的原图 4—31(a)即图 4—25(d)上，就获得一幅去除了黑色背景的数字拓片新图像，如图 4—31(c)。可以看到，该图像纹理清晰，且满足白色背景特征。

$$该操作完成：I(x,y) = \sum_{x=1,y=1}^{m,n} \left(I^o(x,y) + I^b(x,y) \right) \tag{4.7}$$

其中，$I(x,y)$ 是融合后的像素值，$I^o(x,y)$，$I^b(x,y)$ 分别代表坐标为 (x,y) 的目标图像和背景图像的像素值，m、n 分别表示原始图像矩阵的行数和列数。

(四)采用非线性对比度拉伸处理实现背景填黑，以保护边缘像素

通过前面的算法步骤，已能生成基本符合要求的数字拓片，但仍有美中不足的地方。我们注意到图 4—31(c)的外边缘图像显得很生硬，这是由于边缘像素和石刻图像的像素值比较接近，在进行均值滤波时将边缘像素值修改成了该像素邻域的均值，所以产生了边缘模糊的情况，二值化后边缘信息像素有丢失，和模板叠加后最外层边缘就是模板的边缘，它将目标图像生硬的包围起来。

为了获得符合手工拓片图像特征的边缘效果，避免在均值滤波时发生边缘像素的误判，就需要采取有效措施将边缘像素保护起来。我们所采用的方法是在石刻图像进行第一次均值滤波处理前，先对其进行预处理，即通过非线性对比度拉伸处理来扩大目标和背景的对比度，其效果是使图像背景变为黑色。

非线性对比度拉伸处理可以有选择的拉伸某段灰度以满足特殊需要。通

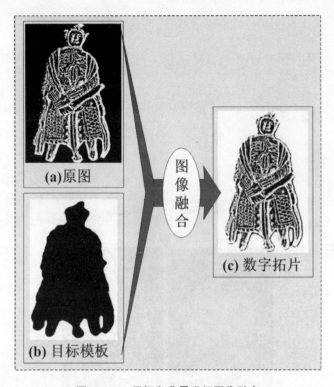

图 4—31　目标和背景进行图像融合

过分析原始图像的灰度直方图［见图 4—32(a)］发现，图像在灰度值大约为 235 处有明显截断现象（即此处是代表区分目标和背景的阈值），将原始图像按照以下公式做非线性的对比度拉伸：

$$\hat{f}(x,y)=\begin{cases}f(x,y) & f(x,y)\leqslant 230\\0 & f(x,y)>230\end{cases} \tag{4.8}$$

其中，$f(x,y)$ 为坐标是 (x,y) 的原始图像像素值，$\hat{f}(x,y)$ 为修改后的像素值，此处取阈值为 230（略小于 235）更有利于目标和背景的区分。

如图 4—32(b)所示，石刻图像在进行了非线性对比度拉伸处理后使背景变成了黑色，再按照前述的"均值滤波+图像相减+局部自适应阈值法"对该图像进行处理，即得到一幅新图像(c)，可以看到在目标图像的边缘形成了一圈白色像素将目标边缘保护起来。边缘白色像素的宽度和进行均值滤波时所取的区域大小有关，区域越大，白色像素带就越宽；反之，就越窄。

117

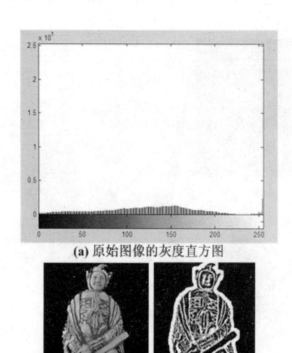

(a) 原始图像的灰度直方图

(b) 背景填黑　(c) 图像增强处理

图4—32　保护边缘像素的预处理

将该图像与其对应的目标模板进行图像融合后得到数字拓片图像的边缘像素得以保护,使图像效果更加理想[见图4—33(c)]。

我们通过详细的实例对如何解决光照不均、背景填黑以及去除黑色背景等数字拓片的关键技术进行了解析,以上实验结果表明,该算法能将石刻图像生成比较满意的数字拓片。

二、用图像处理软件系统 MATLAB 的图像处理功能实现数字拓片的基本流程

根据数字拓片的特殊制作需求及 MATLAB 的图像处理功能,我们提出了与之对应的数字拓片基本流程和关键环节。

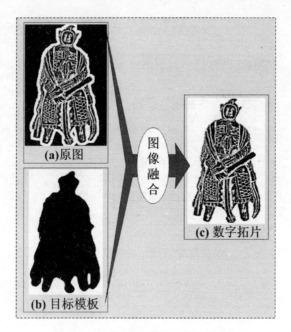

图 4—33　图像融合去除黑色背景

如图 4—34(a)所示,由一张浮雕石刻实物照片到最终转变为数字拓片的过程被分成两个部分先后进行:

第一部分的主要任务是图像分割,即将拍摄得的浮雕石刻照片中的目标图像与背景及其他伪目标分离开来,以提取出制作数字拓片的"有意义区域"。由于石刻图像内部的待分割区与背景区的灰度、纹理、色彩等特征相同,如图 4—35(a)。若采用一般的图像分割方法很难获得满意的效果,因此需要首先利用 Photoshop 并通过人工干预方式抽出目标图像,如图 4—35(b),并将其保存,以备后续调用。

第二部分的主要任务是利用 MATLAB 实现目标石刻图像到数字拓片的自动生成。MATLAB 图像处理软件系统提供大量常用的图像变换和图像处理程序,这些程序以函数形式保存在 Image 工具箱中,用户可以方便地调用和对其加以适当修改来满足不同的需求。我们在找出了数字拓片关键技术后的任务便是利用 MATLAB 编写程序,实现目标石刻图像到数字拓片的自动生成。其步骤依次为:读取目标石刻数字照片图像、背景填充黑色、灰度化、图像增

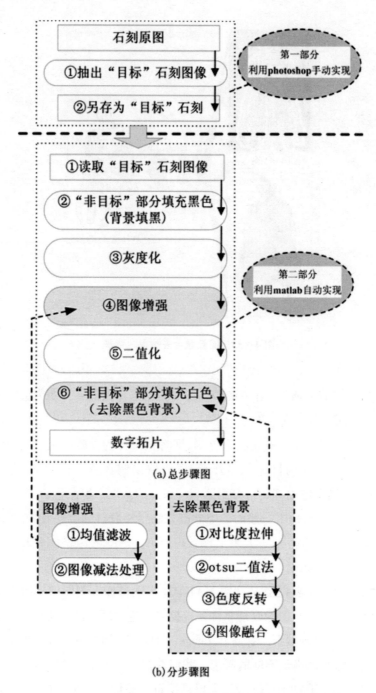

图 4—34　利用 MATLAB 制作浮雕石刻数字拓片的基本流程

(a)原图

(b)分割后获得目标图像

图 4—35　石刻数字照片图像分割处理前后的效果比较

强、二值化、去除黑色背景(图 4—34)。其中去除黑色背景又包括对比度拉伸、otsu 二值法、色度反转、图像合成等步骤。下面作分别介绍:

(一)选用 imread 函数读取目标石刻数字照片图像

制作数字拓片,需要首先将目标石刻数字照片图像导入,我们选用 imread 函数实现从数字照片图形文件中读取图像的功能,其语句格式为:

A=imread(filename,fmt)

(二)采用非线性对比度拉伸处理实现背景填黑

我们运用 MATLAB 编程语言设计了实现目标石刻图像背景填黑的算法,其主要思想是:基于目标像素与背景像素间存在明显的灰度差异特征。图像分割处理后由于目标石刻图像被分离,背景就成了统一的白色,其像素灰度值均为 255;而目标石刻相对于背景而言,尽管内部的像素灰度差异也较大,存在灰度值较高的亮点,但能与单纯白色背景灰度值相比的像素则极为稀少。

因此,在确保能获得最佳数字拓片图像效果的前提下,经过多次实验,我们在目标与背景之间设定了一个灰度界线值,即凡灰度值大于 230 的像素就置为0、以黑色替代;否则其值保持不变。该方法实现了背景的自动填黑,见图4—36。具体程序如下:

```
for i=1:m
    for j=1:n
        if img(i,j)>230
            img(i,j)=0;
        end
    end
end
```

(三)选用 rgb2gray 函数实现灰度化

rgb2gray 函数可将 RGB 类型的彩色石刻图像转换成灰度图像,编程调用语句格式为:

I=rgb2gray(RGB)

图4—36　石刻数字照片图像背景填黑并灰度化的效果

(四)图像增强

1. 选用 imfilter 函数进行均值滤波

对于石刻数字照片图像存在光照不均的问题,本书的解决方法是用均值滤波对数字图像作增强处理。MATLAB 的 imfilter 是均值滤波处理函数,使用的调用语句格式为:

I2=imfilter(I,h)

此外,本书还结合使用了 MATLAB 包含的二维预定义滤波处理函数 fspe-cial,使用的调用语句格式为:

h=fspecial(type,parameters)

fspecial 处理函数中的参数 type 选择为均值滤波器'average'。图 4—37 是石刻图像经均值滤波处理后的效果。

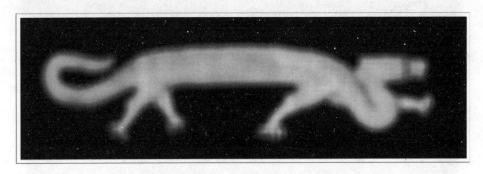

图 4—37　石刻数字照片图像经均值滤波处理后的效果

2.用减法处理增强两幅图像的差异

在两幅图像或多幅图像间以像素对像素进行算术/逻辑操作可以实现图像增强的效果。其中的减法操作就属此类方法。通过将两幅数字图像 f(x,y) 与 h(x,y)相减,便得到一幅新图像 g(x,y),该图像在坐标(x,y)处的像素值与两幅原图中同一位置的像素值有所不同。

两幅图像 f(x,y)与 h(x,y)在完成减法操作后的差异表示为:

g(x,y)=f(x,y)-h(x,y)

该操作可以方便地计算出两幅数字图像所有对应像素点的差而获得整个图像的差异。

我们运用图像减法操作来增强均值滤波处理前后两幅图像的差异,效果如图 4—38(a)。

(五)采用 im2bw 处理函数实现差异图像的二值化

要获得黑白对比鲜明的数字拓片图像效果,需要对图像作相减操作后的差异图进行二值化处理。MATLAB 包含的 im2bw 处理函数能根据一定的阈值

将灰度图像转化成二值图像,使用的调用语句格式为:

BW=im2bw(I,level)

如图 4—38 的(b)是图(a)经二值化后的效果。

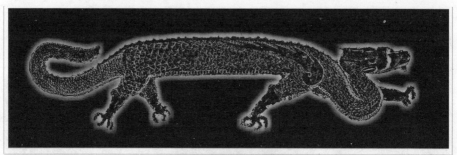

(a)图像相减后效果

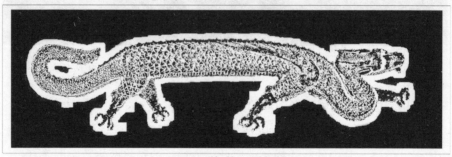

(b)二值化后效果

图 4—38　图像相减及其二值化的效果

(六)去除黑色背景

去除黑色背景分两步完成:第一步通过对比度拉伸、Otsu 二值化、色度反转等一系列处理获得的目标模板;第二步运用图像相加操作将背景为黑色的原图像与目标模板进行融合,从而获得去除了黑色背景的数字拓片。

获取目标模板的流程,如图 4—39 所示。具体地说它是通过以下函数处理来完成的。

1. 采用 imadjust 处理函数实现对比度拉伸,它用于调整图像的灰度值,其操作调用语句可写作:

J=imadjust(I,stretchlim(I),[])

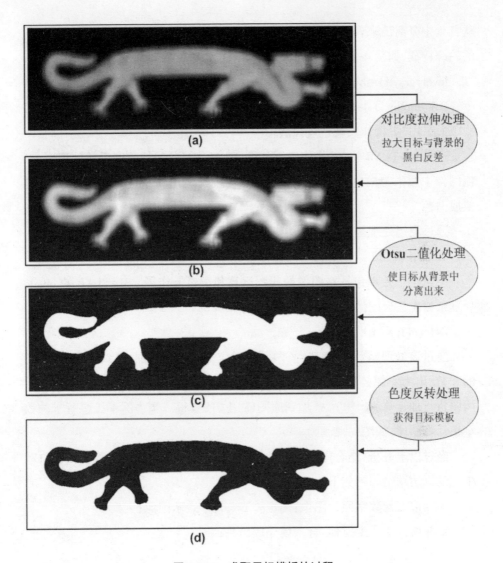

图 4—39　求取目标模板的过程

　　其中的 stretchlim 处理函数是实现图像灰度对比度扩展的极限。图 4—39
(a)、(b)为拉伸前后的效果比较。

　　2. 采用 graythresh 处理函数获得 Otsu 二值法中所需的最优阈值

　　经过对比度拉伸处理后的图像,其目标与背景的黑白反差得以增大,然后
用 Otsu 最大类间方差法计算图像的阈值,并按该阈值将图像二值化,使目标

从背景中分离出来,形成一幅目标为白色而背景为黑色的新图像,凸显了石刻的轮廓特征,如图 4—39(c)所示。graythresh 处理函数的调用语句格式为:

level=graythresh(I);

BW=im2bw(I,level);

3. 采用 '~' 操作实现色度反转

通过 MATLAB 的 '~' 操作实现从图 4—39(c)到(d)的色度反转处理后,二值图像中原来为白色连通域的目标图像转换为黑色,而原来的黑色背景则转换成白色。

通过上述处理函数的相关功能处理,获得了效果理想的目标模板。

4. 采用 imadd 函数实现图像融合

图像融合处理包括对图像的代数运算和逻辑操作等。MATLAB 的 imadd 处理函数能实现图像加运算,其调用语句格式为:

Z=imadd(X,Y)

通过该处理函数,将 X 与 Y 两图中对应像素值的相加,得到新值(即它们的和)输出为图像 Z 的对应点的像素值。我们运用此方法对图 4—40(a)、(b)两图执行加运算,使图(b)叠加到原图(a)上,便获得一幅去除了黑色背景的数字拓片新图像,如图(c)所示。

经过以上分析,结合图 4—34 中第二部分所示步骤,我们将数字拓片自动生成的算法总结归纳如下:

①读取石刻数字照片图像:用矩阵 $f(x,y)$ 来表示图像;

②非线性对比度拉伸:背景填充成黑色;

$$\hat{f}(x,y)=\begin{cases} f(x,y) & f(x,y)\leqslant 230 \\ 0 & f(x,y)>230 \end{cases} \tag{4.9}$$

其中,$f(x,y)$ 为坐标是(x,y)的原始图像像素值,$\hat{f}(x,y)$ 为修改后的像素值,此处取阈值为 230(略小于 235),大于 230 的全部作为背景。

③灰度化:

$$\hat{f}_{gray}(x,y)=0.30\times \hat{f}_{R}(x,y)+0.59\times \hat{f}_{G}(x,y)+0.11\times \hat{f}_{B}(x,y) \tag{4.10}$$

式中,gray 代表灰度值,R,G,B 分别代表红色、绿色和蓝色的分量值。

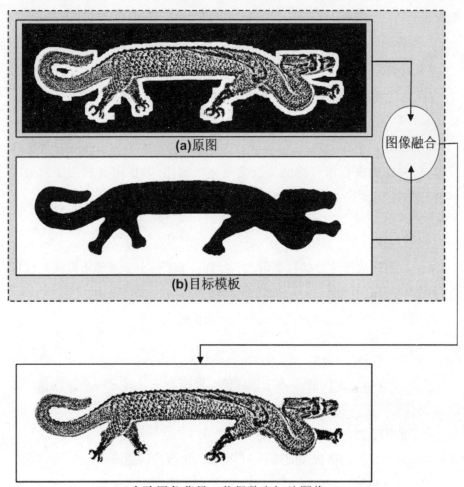

(a)原图

(b)目标模板

图像融合

(c)去除黑色背景，获得数字拓片图像

图4—40 图像融合处理,去除黑色背景过程的示意图

④图像增强：

1)均值滤波：用公式(4.11)修改每个像素的值。

$$\hat{I}(x,y) = \frac{1}{mn} \sum_{s,k \in S_{xy}} \hat{f}_{gray}(s,k) \qquad (4.11)$$

其中，$\hat{f}gray(x,y)$ 代表坐标为(x,y)的像素值，S_{xy} 表示以点(x,y)为中心，窗口区域尺寸为 $m \times n$ 的矩形子图像的坐标组，$\hat{I}(x,y)$ 代表经均值滤波后的像素值。

2)图像矩阵相减：用公式(4.12)将滤波前后两幅图像相减得到差异图。

$$I'(x,y)=I(x,y)-\hat{I}(x,y)-C \qquad (4.12)$$

$I'(x,y)$ 代表原像素值和邻域像素均值的差异，C 为正的常系数（通常为正数）（本书中设定为 0.03）。

3)阈值法二值化：整个图像看成是由一系列窗口大小为 m×n 的矩阵区域所构成，将图像进行窗口均值滤波之后再二值化，其作用就相当于用公式(4.13)对图像各个局部窗口区域进行了二值化处理。

$$I^{\circ}(x,y)=\begin{cases}0 & I'(x,y)\leqslant T \\ 1 & I'(x,y)>T\end{cases} \qquad (4.13)$$

$I^{\circ}(x,y)$ 为算法修改后的像素值，T 为阈值，$I'(x,y)$ 小于或等于该阈值时取值为 0，大于时取值为 1。

⑤通过下面的函数表达式来实现差异图像的二值化

$$f(x)=\begin{cases}0 & x<T \\ 255 & x\geqslant T\end{cases} \qquad (4.14)$$

式中，T 为指定的阈值，x 小于该阈值时取值为 0，大于或等于该阈值时取值为 255。

⑥求取用于图像融合的目标模板

1)将灰度化后的图像用前述(4.11)的公式进行均值滤波；

2)对比度拉伸：

$$I''(x,y)=\frac{\hat{I}(x,y)-\hat{I}_{\min}}{\hat{I}_{\max}-\hat{I}_{\min}}\times 255 \qquad (4.15)$$

$\hat{I}(x,y)$ 为图像 (x,y) 位置的像素值，$\hat{I}_{\min}$ 为图像中最小像素值，$\hat{I}_{\max}$ 为图像中最大像素值，$I''(x,y)$ 为计算后图像 (x,y) 位置的像素值。

3)用 Otsu 法求解最佳阈值 T^*

$C_0=\{0,1,...,t\}$

$C_1=\{t+1,t+2,...,l-1\}$

$p_i=n_i/N,\ (p_i\geqslant 0,\sum_{i=0}^{l-1}p_i=1)$

$$\omega_0 = P_r(C_0) = \sum_{i=0}^{t} p_i = \omega(t),$$

$$\omega_1 = P_r(C_1) = \sum_{i=t+1}^{l-1} p_i = 1 - \omega(t),$$

$$\mu_0 = \sum_{i=0}^{t} i p_i / \omega_0,$$

$$\mu_1 = \sum_{i=t+1}^{l-1} i p_i / \omega_1.$$

$$\sigma_0^2 = \sum_{i=0}^{t} (i - \mu_0)^2 p_i / \omega_0,$$

$$\sigma_1^2 = \sum_{i=t+1}^{l-1} (i - \mu_1)^2 p_i / \omega_1. \tag{4.16}$$

$$\sigma_\omega^2 = \omega_0 \sigma_0^2 + \omega_1 \sigma_1^2,$$

$$\sigma_B^2 = \omega_0 \omega_1 (\mu_1 - \mu_0)^2,$$

$$\sigma_T^2 = \sigma_B^2 + \sigma_\omega^2.$$

$$T^* = I''_{\max(\sigma_B^2 / \sigma_T^2)}(x,y),$$

其中,t 为随机选择的灰度值,作为阈值的这个灰度值将所有的灰度值划分为 C_0 和 C_1 两类,l 为灰度的最大取值,p_i 为每个灰度值出现的概率,N 为象素的总数, n_i 为灰度 i 的像素数, $\omega_0, \omega_1, \mu_0, \mu_1, \sigma_0^2, \sigma_1^2$ 分别为 C_0 和 C_1 两类的概率、均值和方差; $\sigma_\omega^2, \sigma_B^2, \sigma_T^2$ 分别为类内方差、类间方差和总的方差; T^* 为选取的最佳阈值的灰度值。

4)二值化:

$$I^b(x,y) = \begin{cases} 0 & I''(x,y) \leq T^* \\ 1 & I''(x,y) > T^* \end{cases} \tag{4.17}$$

$I''(x,y)$ 为经对比度拉伸后图像 (x,y) 位置的像素值,T^* 为 Otsu 算法求得的阈值,如果像素值小于等于 T^*,将该像素值置为 0,否则为 1。

⑦按照以下公式将目标模板叠加到背景为黑色的原图上,从而完成图像融合的处理:

$$I(x,y) = \sum_{x=1,y=1}^{m,n} \left(I^o(x,y) + I^b(x,y) \right) \tag{4.18}$$

其中, $I(x,y)$ 是融合后的像素值, $I^o(x,y)$, $I^b(x,y)$ 分别代表坐标为 (x,y)

的目标模板图像和带黑色背景的原图像的像素值，m、n 分别表示原始图像矩阵的行数和列数。

⑧得到数字拓片。

三、小结

本节首先对数字拓片制作的关键技术进行了解析，从而为算法设计提供了重要依据；然后提出了一种用数字图像处理软件系统 MATLAB 的处理功能实现石刻浮雕图像数字拓片生成的方法，运用 MATLAB 中丰富的图像处理函数并编写必要的调用程序，基本实现了数字拓片生成流程的自动化，使数字拓片的制作变得方便、快捷。在实验过程中，采用何种功能才能更好实现预期的图像效果是本研究的难点，主要解决的三个关键环节是：自动完成背景填黑；图像增强以消除光照不均；自动消除黑色背景。经过反复实验，给出了相应的解决方案，效果比较理想。

上述实验结果表明：本书提出的实现数字拓片自动生成的方案是行之有效的；但如何使该方案更优化，进一步提高数字拓片的图像质量，是值得今后继续研究的主要问题。

第五章 数字拓片制作系统的实现及验证

第一节 系统的实现

一、界面设计

通过前述方法尽管实现了数字拓片的自动生成,但其用户面对的不是一

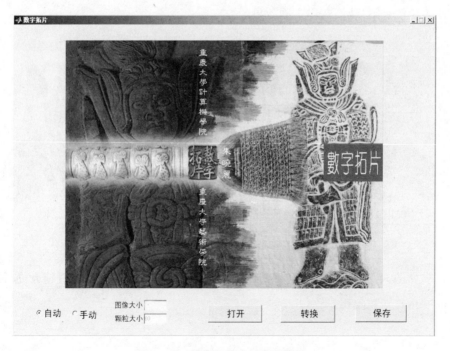

图 5—1 数字拓片系统界面设计

个直观、方便的操作平台,而是抽象的计算机程序,这给使用造成了新的不便。因此,需要为数字拓片生成系统设计一个可视化操作界面。如图5—1所示,该界面包含三组控件。第一组是"打开"、"转换"、"保存"等最基本的命令按钮,通过这组控件,用户可以十分方便的调用电脑中的图像处理文件、执行数字拓片生成的转换任务及对最后处理结果进行保存等。第二组是"自动"、"手动"按钮,通过这组控件,用户可以自由选择两种模式中的任意一种来制作数字拓片。当选用"自动"模式时,系统将调用内部程序以默认的最优处理方案对输入的数字照片图像进行自动处理并生成数字拓片;当选用"手动"模式时,用户则可以根据自身需求对部分处理参数进行调整与重新设置。第三组是"图像大小"、"颗粒大小"按钮,事实上,它们是"手动"方式下的两种具体选项。由于图像的大小会直接影响程序的运算速度(即图像越小,其精度越低,处理速度就越快;相反,图像越大,其精度越高,处理速度也则越慢),所以,界面中的"图像大小"按钮可以满足用户对图像尺寸进行修改的要求。另外,"颗粒大小"按钮可以帮助用户完成相应参数值的设定,以此来决定所生成数字拓片的颗粒粗细,从而获得不同效果的数字拓片。

| 取值10 | 取值80 | 取值150 |

图5—2 不同参数值所得数字拓片图像颗粒大小的效果比较

如图5—2所示,取值越小,所得数字拓片颗粒越细;相反,取值越大,所得数字拓片颗粒越粗。

二、运行效果

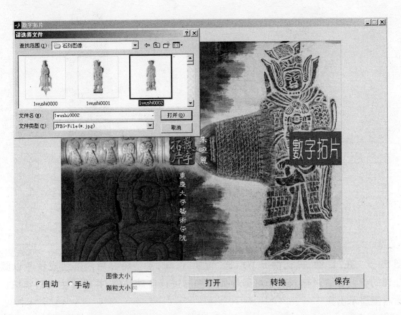

图5—3 点击"打开"按钮,在界面左上角弹出"请选择(石刻图像)文件"对话框;用户可选择待处理的石刻数字照片图像,并将其打开

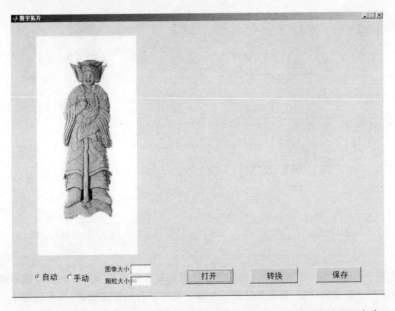

图5—4 所选石刻数字照片图像在数字拓片图像生成界面左侧显示出来

图 5—5　在"自动"模式情况下点击"转换"按钮,系统将调用内部生成程序以默认的最优处理的参数设置对输入的石刻数字照片图像进行自动处理,并最终生成数字拓片图像于界面右侧显示出来

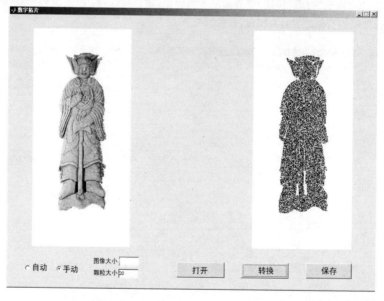

图 5—6　选用"手动"模式时,用户则可以根据自身需求在"颗粒大小"按钮后的空格内进行不同参数值的设定,以此来决定所生成的数字拓片的颗粒粗细,从而获得不同效果的数字拓片;右侧生成的数字拓片是设值为 20 时的"颗粒大小"效果,显示的颗粒较细

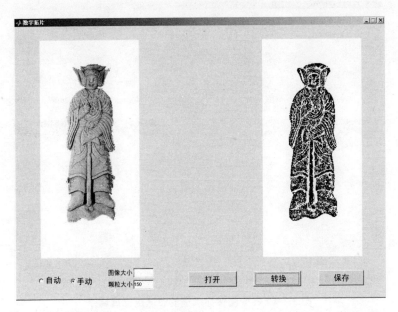

图 5—7 右侧数字拓片是设值"颗粒大小"为 150 时的效果,显示的颗粒较粗

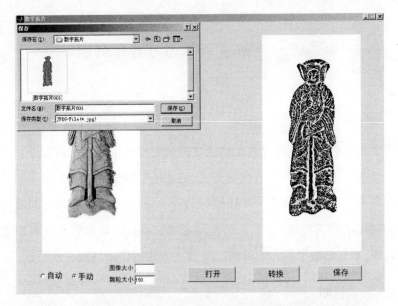

图 5—8 点击"保存"按钮,系统将生成的数字拓片图像进行保存

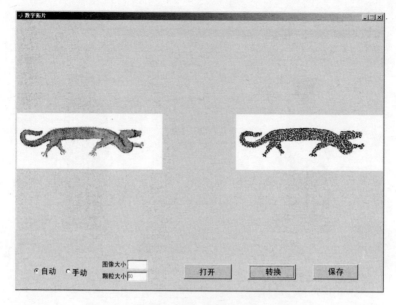

图5—9 界面图像显示框的自适应位置调整

考虑到待处理的石刻数字照片有可能存在横、竖、方、扁等差异,系统界面显示对图像的自适应位置调整进行设计,避免了图像发生位变的情况。

第二节 系统有效性与可行性的验证

一、基本思路

数字拓片制作系统的有效性验证主要是通过数字拓片可信度评估测试来进行。基本思路是:以问卷调查的方式,将系统生成的数字拓片图像与手工拓片图像放置在一起,让具有拓片知识的专业人员对其作甄别,通过对所有数字拓片的判定结果进行统计(手工拓片判定结果不在统计之列),计算出正确数及正确率,来评估数字拓片的可信度及数字拓片制作系统的有效性能。

二、几点说明

(一)参与问卷测评的人员(以下简称参评人)构成主要有美术学国画专业

的研究生、大四学生及部分专业教师,总共 30 人。

（二）问卷的载体是《数字拓片图像可信度评估问卷调查表》（见附录）,它由两部分内容组成,第一部分是填写问卷的要求和说明,第二部分是待甄别的手工拓片图像和数字拓片图像,总数量为 30 张,其中手工拓片 8 张,数字拓片 22 张,手工拓片皆来源于川南地区泸县文管所提供的馆藏原始拓片,它们直接从川南泸县宋墓石刻手工拓制而得。

（三）问卷要求 30 位参评人独立地对调查表中提供的 30 幅拓片图像一一作出判定,并记录下判定图像所耗的时间。我们以参评人的平均正确率来判定该系统的有效性能。判定数字拓片的正确率越高,表明其可信度就越低;相反,若判定数字拓片的正确率越低,表明其可信度就越高,同时也表明数字拓片制作系统的有效性也越高。具体的参考度为:如果平均正确率高于 80%,说明仅有极少部分的数字拓片图像被判定成手工拓片,此种情况即认为系统有效性能非常低;如果平均正确率高于 60%,则说明仅有较少部分的数字拓片被判定成了手工拓片,此种情况认为该系统有效性能较低;如果平均正确率在40%~60%之间,则认为该系统有效性能一般;如果平均正确率低于 40%,说明有大部分的数字拓片图像被错误判定成了手工拓片,此种情况就认为数字拓片有比较高的可信度,该系统也具有比较良好的性能;如果平均正确率低于20%,则判定该系统的有效性非常高。

（四）通过对每张图片判断结果正确率的统计和分析,再进一步研究手工拓片与本书所提方案生成的数字拓片之间的图像特征差异,并简单分析该图像特征存在问题的原因。

三、结果统计与分析

根据 30 位测评人员填写的问卷调查,我们制作了后面的两张统计表（如表 5—1、表 5—2）。表 5—1 是对 22 幅数字拓片进行正确判定的统计,为了让结果一目了然,我们用灰色隐去了手工拓片的判定结果,仅呈现出数字拓片的判定结果。表的最左边列是 30 幅图片的编号;表的最右边列是每一幅数字拓片图像被正确判定的次数统计;表上方横向排列的数字分别代表 30 位参评人,在单元格内标记代表是正确判定的"●"符号。

表 5—1 数字拓片可信度评估问卷调查结果统计表

数字拓片可信度评估问卷调查结果统计表

图片编号	\	\	\	\	\	\	\	\	\	\	\	\	\	\	\	\	\	\	\	\	\	\	\	\	\	\	\	\	\	\	正确判定次数
	1	2	3	4	5	6	7	8	9	10	11	12	13	14	15	16	17	18	19	20	21	22	23	24	25	26	27	28	29	30	
1			●					●		●						●				●						●					6
2	●	●	●		●	●	●	●		●	●		●		●	●		●		●			●	●	●			●	●	●	21
3									●			●					●		●				●				●		●		7
4				●	●																										
5	●		●	●			●	●		●					●																7
6		●				●	●		●		●	●			●	●			●				●	●	●		●	●	●		14
7															●									●							
8						●	●	●																							12
9	●		●			●		●									●		●	●	●	●		●	●						
10																															7
11								●								●	●									●	●		●	●	
12																															16
13		●		●		●	●	●	●		●	●		●	●								●		●	●					
14															●		●	●	●	●	●	●									10
15				●					●					●									●						●	●	
16																															
17	●												●										●		●		●	●		●	9

参评人的判定情况

正确判定次数	18	19	20	21	22	23	24	25	26	27	28	29	30	正确数	正确率
14 8 7 13 — 8 9 14 6 6 7 7 6	14	8	7	13		8	9	14	6	6	7	7	6		
30	●		●				●	●						8	36%
29		●		●		●	●			●				10	45%
28	●			●		●						●		7	32%
27	●		●	●		●		●						9	41%
26								●	●	●				6	27%
25	●							●						7	32%
24	●							●			●			6	27%
23			●	●				●						9	41%
22			●	●							●			5	23%
21	●	●		●				●			●			8	36%
20	●					●	●				●			7	32%
19								●						5	23%
18	●		●	●								●		6	27%
17						●								5	23%
16	●					●	●				●	●		9	41%
15		●							●	●	●	●	●	10	45%
14				●		●	●					●		5	23%
13	●									●				5	23%
12		●						●	●					7	32%
11		●	●	●				●	●					9	41%
10			●	●		●						●		7	32%
9				●						●		●		6	27%
8	●	●				●						●		10	45%
7	●									●			●	8	36%
6							●	●		●				7	32%
5	●						●				●	●		6	27%
4	●	●		●			●						●	9	41%
3								●			●			7	32%
2		●						●	●					5	23%
1				●		●								6	27%

图片编号：18 19 20 21 22 23 24 25 26 27 28 29 30　正确数　正确率　平均正确率 32%

（一）从表5—1可以看出，30位参评人给出的判定结论并不完全一致，判定的正确率也高低不一，最高为45%，最低为23%，最终求得平均正确率为32%。

表5—2　参评人甄别图像的耗时情况

参评人	耗时	参评人	耗时	参评人	耗时
1	9′26″	11	12′	21	6′
2	14′15″	12	7′20″	22	7′
3	5′27″	13	4′34″	23	13′23″
4	4′50″	14	20′18″	24	6′43″
5	5′45″	15	7′36″	25	5′
6	7′	16	15′32″	26	12′26″
7	7′20″	17	5′10″	27	14′
8	5′	18	6′18″	28	21′29″
9	14′	19	7′49″	29	7′13″
10	4′55″	20	6′21″	30	16′33″
				平均耗时：9′21″	

（二）表5—2中的数据代表了所有参评人员甄别图像的耗时情况。30位参评人最长耗时21分29秒，最短耗时4分34秒，平均耗时9分21秒，这在一定程度上也反映了该系统生成的数字拓片具有较大的迷惑性。

（三）从表5—1中可以看出，每一幅数字拓片图像被正确甄别的次数也有所不同。最少的为6次，最多的有21次，这种现象表明了系统生成的数字拓片之间也存在图像质量的高低差异，使得有的图像很容易被甄别，有的图像则很难判定。通过分析，我们认为原因大致有以下几点：

第一，对于光照较均匀的石刻数字照片所生成的数字拓片效果较理想，如问卷表中的图1、图3、图5，它们分别被正确识别6次、7次、7次；对于光照严重不均、阴影或光感太强的石刻数字照片，尽管经过了系统处理，然而在生成数字拓片后仍然留有比较明显的痕迹，如问卷表中的图2、图18，它们分别被正确识别21次、14次。

第二，石刻因各种原因（如被污染或本身有彩绘等）出现表面纹理的明暗程度有差异，导致生成的数字拓片图像肌理花乱，形象结构模糊。如问卷表中的图 21 被正确识别 13 次,其中很大部分原因在于脸的五官部分,尤其是眼睛的结构严重失真。

第三,部分数字拓片形象内部的黑白肌理显得太过匀净规整、呆滞统一,缺少手工拓片黑白肌理的生动感。如问卷表中的图 13、图 25,它们分别被正确识别 16 次、14 次。

第四,部分数字拓片边缘轮廓比较生硬,缺少手工拓片的自然感,这与图像预处理阶段的工作质量密切相关,即进行石刻目标数字照片的分割处理时没有很好把握住边界的虚实关系。如问卷表中的图 6、图 9,它们分别被正确识别 14 次、12 次。

需要指出的是,从数字拓片实现手工拓片效果的相似度上讲,上面 3、4 中提出的黑白肌理匀净规整、轮廓生硬等问题导致了图像效果不够理想,但如果从造型艺术研究需要提供清晰分明的图像资料的角度来说,上述现象又相对成了一种极大的优势和特点。

另外,还需要特别提出的是在实验过程中我们发现,石刻的图式特征对数字拓片生成效果有直接影响。一般来讲,造型和结构相对单纯的画面有利于制作成数字拓片,如背景大量留白的武士石刻、四神石刻等;而对于边框结构的石刻,由于它至少存在内外两重结构,画面中的各类元素彼此间有着或多或少的牵连制约关系,因此对生成的数字拓片的总体效果而言,不及背景完全留白的图像理想。不过由于部分石刻(如侍坐石刻、花卉石刻等)的各形象之间仍留有一定空白,可以通过局部抠"地"处理让宝贵的白色展现出来,因而也能生成轮廓较为鲜明的数字拓片图像。虽然生成的这类图像会略微显得有些不自然,但由于传统手工拓片在制作及装裱过程中本身也时常使用抠挖、拼补等技术手段对其进行后期处理,因此这种效果也能得到认可,如问卷表中图 19,它仅被正确识别 8 次。只是在今后的研究中可以通过进一步的技术改进,让这类图像看上去更自然。而对于还有一部分石刻,如侍者启门石刻、石刻门等,由于其图像结构较为复杂,尤其是重叠层次比较复杂、多为图上叠图的形式,这类石刻则基本无法通过数字照片来生成整体效果十分理想的数字拓片图像。但另一方面,由于川南宋墓石刻的造型具有很强的符号化特征,构成画面的各类形象符号既是整体的重要组成部分,同时又具有很强的独立性,因此,我们将这类石刻的部分符号分割开来单独生成数字拓片,也同样可以取得比较理想的效果,这些形象同样具有较高的审美价值和研究价值。如问卷表图 30 中的侍者即是从结构复杂的石刻门背景中分割开后制成的数字拓片,该图仅被正确识别 6 次。

四、系统有效性与可行性验证的结论

通过对 30 位专家型参评人判定结果的统计,其甄别数字拓片的平均正确率为 32%。这一结果表明:由该系统生成的数字拓片取得了与手工拓片比较高的相似程度和可信度,数字拓片制作系统具有比较良好的性能。

但同时我们也应看到,该系统仍存在许多不足之处,现将系统的局限性总结如下:

(一)对石刻数字照片的拍摄质量有比较高的要求,包容性还不够强;

(二)对石刻图式特征存在较强的针对性,通用性还不够好;

(三)石刻数字照片必须先经过人工方式的预处理,在目标图像分割出来以后,才能进入后续流程自动处理,且预处理的好坏对数字拓片的生成效果产生一定影响。

(四)从实现效果上来看,数字拓片图像的生动性、自然性还不够好。

五、小结

本章设计了数字拓片生成系统的可视化界面,实现了初步的人机交互方式;采集了由系统生成的数字拓片样本,通过问卷调查的形式对其加以判定,然后应用统计学的方法,对系统可信度进行分析,并验证了该系统的有效性;分析了影响数字拓片生成效果的相关因素,指出了该系统的局限性。

结　语

　　拓片具有较高的历史价值与美学价值,直至今天,它依然散发出不可替代的独特魅力。本书针对拓片制作所面临的问题进行了讨论,并以川南宋墓石刻为依据,以图像特征研究为切入点,对川南宋墓石刻的造型特征、构图特征、雕刻技法特征进行了深入的分析,在对其艺术性研究的基础上,运用计算机图象处理技术,提出了数字拓片制作的整体思路、具体方法、关键步骤、实施流程、技术路线等,并进行了探索性的实验,为拓片艺术与计算机技术的有机结合进行了有益的尝试。

　　本书的主要工作概括如下:①川南宋墓石刻的造型生动独特,是宋代石刻写实性、世俗化和审美风格的集中体现,代表了宋代石刻的典型特征。故本书对川南宋墓石刻造型中的若干代表性特征进行了较系统的总结归纳和深入分析。②川南宋墓石刻的构图样式丰富,具有生活性和理想化相结合的特点,故本书针对石刻构图中具有的框形结构样式和背景留白现象进行了图式化特征分析,总结了框形结构的分类和凸凹变化的规律;对比了川南宋墓石刻和汉画像砖的背景留白的异同,而对该地区石刻的背景留白作了较完整的梳理。该研究对制作数字拓片具有十分重要的参考作用。③采用传统雕刻方式所完成的川南宋墓石刻,因雕刻差异形成了各不相同的浮雕样式。故本书对其整体雕刻技巧和细节刻画方式作了分类说明,分析和研究了雕刻方法对石刻高度级差所产生的影响,该研究是川南宋墓石刻图式特征的又一重要组成部分,对该地区石刻特征研究有重要的参考作用。④本书对拓片和拓片制作技术的历史演进进行了阐述,分析了拓制拓片的工具、材料、方法和流程,介绍了拓片制作技术的运用范围,对拓片的样式和种类进行了收集和归纳。通过对拓片更为深入、全面的了解,使数字拓片制作技术能够准确地反映出拓片的图式特点和文化内涵。⑤对拓片的美学价值和历史文化价值进行了分析,并对拓片与拓片制作的现状进行了综述,对拓片的现实需要性与制作方法间的矛盾给出了系统的分析,明确了开展数字拓片技术研究的重要性和必要性。⑥根据现有技术和客观条件,提出了以科学实验与理论研究相结合的方式开展工作,首先通过实验寻找实现数字拓片的关键技术,然后通过理论分析提出实现数字拓片的自动生成方法。⑦为增加数字拓片的可信度,必须确保手工拓片与数字拓片皆来源于同一原始石刻,通过提取手工拓片图象信息,建立比对标准,对数字拓片实验结果进行验证。实验中我们收集了一些川南地区的石刻照片,以及与之相对应的手工拓片;为弥补样本的数量不足,也对其他浮雕物进行了收集,并制作了相应的手工拓片,另外还制作了少量石刻模型,用于拓制不同风格和类型的手工拓片,从而建立了一个较全面的手工拓片比对样本库。⑧通过对手工拓片典型图象特征的分析,并严格依照样本比对原则,经过大量试验,排除干扰因素由粗至精逐步推进,最终创建了一套实现数字拓片制作的关键环节。⑨通过对实现数字拓片制作关键环节所进行的分析,找到了与之对应的实现技术,并分析研究相关技术,选择最为恰当的方法加以优化,即借助 MATLAB 的图像处理功能,设定相应的流程,实现了浮雕图像数字拓片的自动生成。⑩设计了数字拓片生成系统的可视化界面,实现了友好的人机交互方式。

本书的创新点和贡献:用"图式特征"的观察方法,对川南宋墓石刻的造型方式、构成方式、雕刻技法等方面的内容进行深入的分析和研究,在一定程度上填补了该研究领域的空白,推动了该地区石刻研究朝着更深层次方面发展。提出了数字拓片的概念,是将计算机技术应用到中国传统拓片制作领域的新尝试。提出了研究数字拓片"二步走"的工作思路,并根据各阶段的不同工作任务拟定了相应的技术路线。实验结果表明,该工作思路与技术路线是可行的,保障了数字拓片研究工作的顺利开展。④提出了数字拓片研究必须遵循的一个重要原则——确保数字拓片的可信度,并给出了相应的解决方法:1)提取拓片图像基本特征;2)样本比对法。实验证明,该方法使数字拓片的可信度得到了较好的有效保证。提出了一种基于图像处理技术实现石刻浮雕图像数字拓片的方法,并针对如何解决石刻照片光照不均、如何保护拓片图像边缘特征以及如何去除黑色背景等难题,给出了相应的解决方案。设计并初步实现了一个数字拓片自动生成系统。该系统融合了前面探讨的图像处理技术,能够将石刻实物的照片图像转化成对应的数字拓片。通过系统验证,证明了该系统的可行性与有效性。本研究属于艺术学与计算机科学的交叉融合研究,论文提出的方法无论对于石刻艺术的研究,石刻文物的保护,还是拓片文化的弘扬、发展与创新,以及计算机技术的应用而言,都具有一定的启发和开拓意义。

从目前已有的资料看,基本上没有计算机技术在拓片制作领域的运用实例,利用浮雕石刻数字照片实现数字拓片生成的课题研究,没有经验可以借鉴,该项工作历经五年多,虽取得了初步成果,但距离方便快捷地实际应用还有一段距离,希望本课题能起到抛砖引玉的作用,使计算机技术在拓片制作领域的应用能走得更远更好。目前,该研究还有许多问题尚待解决,如增加实验样本数量,进一步优化算法,使系统生成的数字拓片具有更强的传统拓片视觉特征;如何进一步减少数字拓片制作过程中的人工干预因素;如何实现拓片风格的自主选择等,都是需要进一步解决而技术难度又相当高的工作,需要大量的专业设备和资金的投入,更需要同时具备较高计算机水平和艺术水平的优秀人才加入这项研究工作。

目前尚未展开研究的主要工作有:①本书提出的数字拓片生成系统,多采用泸县发现的宋墓石刻为主的川南宋墓石刻为主要研究对象,对于其他地区不同图式风格的石刻的研究是否有效,有待进一步探讨。②用于本书系统的原始浮雕石刻主要是以单一的固有色为主,对于使用彩绘手法装饰的浮雕石刻类型,或在手工拓片制作过程中已被污染的石刻艺术品,本系统难能达到最佳状态;如能攻克对多重固有色石刻艺术品进行有效识别的技术难题,对以彩绘为主的大足石刻的数字拓片生成无疑是一个非常好的消息。③用于本书所提系统的原始浮雕石刻,其材料主要采用四川地区常见的青石、红沙石为主,这两种石材的质地和反光度都有一定的特性,如果石材质地和反光度发生改变,系统的有效性还有待进一步验证。

参考文献

[1]四川省文物考古研究所、成都市文物考古研究所、泸州市博物馆、泸县文物管理所：《泸县宋墓》，文物出版社 2004 年版。

[2]宿白：《白沙宋墓》，文物出版社 2002 年版。

[3]潘云鹤、樊锦诗：《敦煌·真实与虚拟》，浙江大学出版社 2003 年版。

[4]《中国美术全集：墓室壁画卷》，文物出版社 1987 年版。

[5]吕品田：《中国民间美术观念》，《艺术美学文选》，重庆出版社 1996 年版。

[6]穆凡中：《勾栏瓦舍》，河南人民出版社 2006 年版。

[7]华钱莲：《中国吉祥文化》，内蒙古人民出版社 2005 年版。

[8]徐雯：《中国云纹装饰》，广西美术出版社 2000 年版。

[9]李一、东野长河：《中国兽纹装饰》，广西美术出版社 2000 年版。

[10]沈斌：《中国花鸟装饰》，广西美术出版社 2000 年版。

[11]陈定玉：《严羽集》，中州古籍出版社 1997 年版。

[12]中华书局上海编辑所编辑：《王建诗集》，中华书局 1959 年版。

[13]《梁思成全集·第七卷》，中国建筑工业出版社 2001 年版。

[14]李一、李开义：《拓片拓本制作技法》，北京工艺美术出版社 1995 年版。

[15]罗树宝：《中国古代印刷史》，印刷工业出版社 1993 年版。

[16]吕胜中：《中国民间木刻版画》，湖南美术出版社 1990 年版。

[17]王伯敏：《中国版画史》，上海人民美术出版社 1986 年版。

[18]钟明善：《中国书法史》，河北美术出版社 1991 年版。

[19]张菊英、闻光：《碑帖鉴赏与收藏》，吉林科学技术出版社 1996 年版。

[20]陈炳昶：《中国碑帖》，上海书店出版社 1997 年版。

[21]马宝山：《书画碑帖见闻录》，北京燕山出版社 1997 年版。

[22]陈直：《秦汉瓦当概述》，齐鲁出版社 1981 年版。

[23]叶昌炽：《语石》，中华书局 1994 年版。

[24]关文涛：《选择的艺术 Photoshop CS 图像处理深度剖析》，人民邮电出版社 2005 年版。

[25]Kloskowski.M.:《Photoshop CS2 从入门到精通》,魏海萍、韩滨、于晓菲译,电子工业出版社 2006 年版。

[26]向世明:《Visual C++数字图像与图形处理》,电子工业出版社 2002 年版。

[27]Braunl.T.:《并行图像处理》,李俊山、李新社、焦康译,西安交通大学出版社 2003 年版。

[28]求是科技:《Visual C++数字图像处理典型算法实现》,人民邮电出版社 2006 年版。

[29]蒋先刚:《基于 Delphi 的数字图像处理工程软件设计》,中国水利水电出版社 2006 年版。

[30]四维科技、胡晓峰、赵辉:《Visual C++/Matlab 图像处理与识别实用案例精选》,人民邮电出版社 2004 年版。

[31]欧珊瑚、王倩丽、朱哲瑜:《Visual C++.NET 数字图像处理技术与应用》,清华大学出版社 2004 年版。

[32]容观澳:《计算机图像处理》,清华大学出版社 2000 年版。

[33]朱虹等:《数字图像处理基础》,科学出版社 2005 年版。

[34]冈萨雷斯、伍兹、阮秋琦、阮宇智译:《数字图像处理(第 2 版)》,电子工业出版社 2004 年版。

[35]贾征、鲍复民等:《数字图像融合》,西安交通大学出版社 2004 年版。

[36]苏金明、王永利:《MATLAB 图形图像(上)》,电子工业出版社 2005 年版。

[37]陈纯:《计算机图像处理技术与算法》,清华大学出版社 2003 年版。

[38]王家文、曹宇:《MATLAB 6.5 图形图像处理》,国防工业出版社 2004 年版。

[39]章毓晋:《图像工程(上册)—图像处理(第 2 版)》,清华大学出版社 2006 年版。

[40]杨立:《计算机控制与仿真技术》,中国水利水电出版社 2006 年版。

[41]金哲:《论当代交叉学科》,《上海社会科学院学术季刊》1994 年第 3 期。

[42]路甬祥:《学科交叉与交叉科学的意义》,《中国科学院院刊》2005 年第 1 期。

[43]卢大贵:《全国最大宋代墓群惊现泸县》,《泸州文物》2003 年第 2 期。

[44]周科华、荣远大:《四川泸县出土大批精美宋代石刻》,《中国文物报》2002 年 12 月 6 日。

[45]何薇:《计算机图形技术与计算机艺术》,《装饰》1998 年第 2 期。

[46]单霁翔:《文化遗产保护科学技术发展辩证思考——写在中国文化遗产研究院成立之际》,《文物》2008 年第 3 期。

[47]罗彦、蒋淑君:《数字时代的文化基因重组——我国文化遗产数字化现状与未来发展》,《科技进步与对策》2004 年第 9 期。

[48]张志清、冀亚平:《中文石刻拓片资源库建设》,《新世纪图书馆》2005 年第 1 期。

[49]龙伟:《中文拓片资源库的建设与服务》,《现代图书情报技术》2005 年第 5 期。

[50]牛振东、朱先忠、孙一钢、张志清、龙伟:《金石拓片数字图书馆的设计与实现》,《现代图书情报技术》2003 年第 2 期。

[51]樊锦诗:《为了敦煌的久远长存——敦煌石窟保护的探索历程》,《敦煌研究》2004年第 3 期。

[52]William G.Bowen、樊锦诗:《中美合作研制敦煌数字图像档案》,《敦煌研究》2002 年第 4 期。

[53]刘刚、鲁东明:《敦煌壁画的数字化》,《敦煌研究》2003 年第 4 期。

[54]潘云鹤、鲁东明:《古代敦煌壁画的数字化保护与修复》,《系统仿真学报》2003 年第 3 期。

[55]鲁东明、潘云鹤:《基于形象语义特征的敦煌壁画检索》,《计算机学报》1998 年第 11 期。

[56]吴庆洲:《中国民居建筑艺术的象征主义》,《华中建筑》1994 年第 4 期。

[57]王彦永:《"砌末"漫谈》,《文史知识》1995 年第 5 期。

[58]陈志勇:《宋元戏曲"砌末"考论》,《艺术百家》2006 年第 2 期。

[59]杨古城:《中国狮子的造型》,《东南文化》2000 第 2 期。

[60]杨伯达:《试论山东画像石的刻法》,《故宫博物院院刊》1987 年第 4 期。

[61]王其亨:《宋〈营造法式〉石作制度辨析》,《古建园林技术》1993 年第 2 期。

[62]刘光裕:《印刷术以前的复制技术(二)——搨书与拓石的产生、发展》,《出版发行研究》2000 年第 9 期。

[63]刘光裕:《印刷术以前的复制技术(三)——搨书与拓石的产生、发展》,《出版发行研究》2000 年第 10 期。

[64]李致忠:《论雕版印刷术的发明》,《文献》2000 年第 2 期。

[65]王锷:《陇右石刻》,《中国典籍与文化》1997 年第 3 期。

[66]《探秘视觉仿真技术》,《新电脑》2006 年第 8 期。

[67]钱小燕、肖亮、吴慧中:《一种非真实感绘制的多智能体仿真方法》,《系统仿真学报》2006 年第 10 期。

[68]柳浩、宓晓峰、唐敏、董金祥:《基于 NPR 技术的建筑 CAD 系统》,《计算机应用研究》,2003 年第 7 期。

[69]张显全、于金辉、蒋凌琳、陶小梅:《计算机辅助生成剪纸形象》,《计算机辅助设计与图形学学报》2005 年第 6 期。

[70]张显全、于金辉、蒋凌琳、刘丽娜:《基于纹样的计算机剪纸系统》,《计算机工程》2006 年第 11 期。

[71]齐亚峰、孙济洲、商毅:《中国水墨画的基本艺术特征及其计算机仿真实现》,《中国图象图形学报》2003 年第 5 期。

[72]石永鑫、孙济洲、张海江、贾文丽:《基于粒子系统的中国水墨画仿真算法》,《计算机辅助设计与图形学学报》2003 年第 6 期。

[73]张海江、王秀锦、孙济洲、石永鑫、李丹:《应用分形仿真水墨扩散轮廓》,《计算机辅助设计与图形学学报》2004 年第 4 期。

[74]余斌、孙济洲、白海飞、孙美君:《基于纸的物理建模的水墨画扩散效果仿真》,《系统仿真学报》2005 年第 9 期。

[75]孙济洲、白海飞、齐亚峰:《基于纹理映射的中国水墨画"干笔飞白"效果的仿真生成》,《天津大学学报》2005 年第 1 期。

[76]王钲旋、庞云阶:《一个计算机书法系统 CCCS》,《计算机辅助设计与图形学学报》1991 年第 1 期。

[77]方遒,吴涛:《书法艺术的计算机模拟及其实现》,《模糊系统与数学》1996 年第 1 期。

[78]王征、孙济洲、孙美君、张海江:《采用自回归模型的计算机书法的研究》,《工程图学学报》2006 年第 5 期。

[79]于金辉、张积东、丛延奇:《一个基于骨架的笔刷模型》,《计算机辅助设计与图形学学报》1996 年第 4 期。

[80]宓晓峰、唐敏、林建贞、董金祥:《基于经验的虚拟毛笔模型》,《计算机研究与发展》2003 年第 8 期。

[81]毛国红、张俊松、何兴恒:《虚拟毛笔模型研究综述》,《系统仿真学报》2006 年第 3 期。

[82]李丹、孙美君、孙济洲:《水墨画仿真中画笔的行为实现》,《中国图象图形学报》2004 年第 2 期。

[83]王钲旋、庞云阶:《一个笔画填充算法及其在计算机书法中的应用》,《计算机辅助设计与图形学学报》1994 年第 3 期。

[84]祁志祥:《中国古代美学精神》,复旦大学博士学位论文 2003 年版。

[85]冯民生:《中西传统绘画空间表现比较研究》,南京艺术学院博士学位论文 2006 年版。

[86]罗二虎:《西南汉代画像与画像墓研究》,四川大学博士学位论文 2001 年版。

[87]马玉兰:《宋代法帖研究》,首都师范大学博士学位论文 2003 年版。

[88]柳浩:《基于 NPR 技术的建筑 CAD 系统》,浙江大学硕士论文 2003 年版。

[89]张海江:《中国水墨画仿真中几个关键问题的研究》,天津大学书硕士论文 2004 年版。

[90]白海飞:《基于物理建模的"水墨扩散叠加"效果仿真研究》,天津大学硕士论文 2004 年版。

[91]孙美君:《中国水墨画仿真中毛笔模型的研究与设计》,天津大学硕士论文 2005 年版。

[92]孙宗保:《基于计算机视觉的粒度检测应用研究》,江苏大学硕士学位论文 2003 年版。

[93]谢亮:《表格识别预处理技术与表格字符提取算法的研究》,中山大学硕士学位论文 2005 年版。

[94]李勇明:《尿沉渣图像自动识别算法的研究》,重庆大学博士学位论文 2006 年版。

[95]李良炎:《基于词联接的自然语言处理技术及其应用研究》,重庆大学博士学位论文 2004 年版。

[96]Cassidy J Curtis, Sean E Anderson, Joshua E Seims, etc, "Computer-generatedwatercolor", Computer Graphics proceedings, Annual conference series, ACM SIGGRAPH, los Angeles, California, 1997.

[97]Georges Winkenbach, David H. Salesin, "Computer-generated pen-and-ink illustration", Computer Graphics proceedings, Annual conference series, ACM SIGGRAPH, New York, 1994.

[98] Nan Li, zhiyong Huang, "A feature-based pencil method", Proceedings of the 1st international conference on computer graphics and interactive techniques in Australian and south East Asia, Melbourne, Australia, 2003.

[99]P E Haeberli, "Paint By Numbers: Abstract Image Representations", Computer Graphics (S0167-7055), 24(4), 1990.

[100]Decarlo D, SantellA A, "Stylized and abstraction of photographs", ACM Trans Graph, 21(3), 2002.

[101]Holger Winnemoller, Seven C Olsen, Bruce Gooch, "Real-time video abstraction", ACM Transactions on Graphics, 25 (3), 2006.

[102]I P HHS, Wong HTF, "Calligraphic character systhesis using a brush model", Proceedings of CGI '97, Computer Graphics International Conference, Hasselt-Diepenbeek, Belgium, 1997.

[103]HTF Wong, HHS I P, "Virtual brush-a model-based systhesis of Chinese calligraphy", Computers&Graphics, 24(1), 2000.

[104]Jintae Lee, "Simulating oriental black-ink painting", IEEE Computer Graphics & Applications 19(3), 1999.

[105]Jintae Lee, "DilTusion rendering of black ink paintings using new paper and ink models", Computer & Graphics, 25, 2001.

[106]S.P.B.Fisher, A.Walker, E.Wolfart, "Adaptive thresholding", In Hypermedia Image Processing Reference.Department of Artificial Intelligence, University of Edinburgh. 1994.

[107]KAPUR J, SAHOP P, WONG A, "A new method for gray-level picture thresholding using the entropy of the histogram", Computer Vision Graphic and Image Processing, 29, 1985.

[108]M. Sezgin, B. Sankur, "Survey over image thresholding techniques and quantitative performance evaluation", Journal of Electronic Imaging, 13(1), 2004.

[109]J.S. Weszka, "A survey of threshold selection techniques", Computer Graphics and Image Processing, 7(2), 1978.

[110]Lee S, Chung S, "A Comparative Performance Study of Several Global Thresholding

Techniques for Segmentation", Computer Vision, Graphics, and Image Processing, 52, 1990.

[111]R.M, Haralick, "Digital step edges from zero crossing of second directional derivatives", IEEE Trans, 6(1), 1984.

[112]V.S. Nalwa, T.O. Binford, "On detecting edges", IEEE Transactions on Pattern Analysis and Machine Intelligence, 8(6), 1986.

[113]N. Otsu, "A Tlreshold Selection Method from Gray-Level Histograms", IEEE Transactions on Systrems, Man, and Cybernetics, 9(1), 1979.

[114]V Caselles, F Catte, T Coil, et al, "A Geometric Model for Acdive Contours", Numerische Mathematik, 66, 1993.

[115]Pan R, Cao YX, "Image watermarking method based on wavelet transform", Journal of Image and Craphics, 7(7), 2002.

[116]Kenneth R.Castleman, "Digital Image Processing" U.S: Pretice Hall, Inc, a Simon&Schuster Company, 1996.

[117]PG Tahoces, et al, "Enhancement of chest and breast radiographs by automatic spatial filtering", IEEE Trans. Medical Imaging 10(3), 1991.

附　录

数字拓片图像可信度评估问卷调查

姓名:＿＿＿＿＿＿＿＿＿＿　性别:＿＿＿＿＿＿

年级、专业:＿＿＿＿＿＿＿＿＿＿＿＿＿＿＿＿

地点:＿＿＿＿＿＿＿＿＿＿＿＿＿＿＿＿＿＿＿＿

填表日期:＿＿＿＿＿＿年＿＿＿＿＿月＿＿＿日

数字拓片研究课题组　制

说　明

1. 本问卷调查的目的：验证数字拓片的可信度；验证数字拓片系统的有效性。

2. 数字拓片：是指利用计算机图像处理技术对浮雕物（如石刻）本体的数字照片进行一系列处理，获得的具有传统手工拓片视觉特征的数字图像。简单地说，数字拓片是由计算机程序制作而成的。

3. 为了得到准确的系统验证结果，请独立完成本次问卷调查。

感谢您的大力支持！

问卷内容

1. 请您根据自己的认识和理解,对下面 30 幅图像作出判断和选择:它们哪些是手工拓片?哪些是数字拓片?若判定为手工拓片,请在图像编号后的括号内画"√";若判定为数字拓片,请在图像编号后的括号内画"×";对于无法作出明确判断的,请在图像编号后的括号内画"?"。

2. 请准确填写你此次问卷调查的用时总数:_____分_____秒。

1.（　　）

2.（　　）

3.（　　）

4.（　　）

5.（　　）

6.（　　）

7.（　　）　　　　　　　　　　　　　8.（　　）

9.（　　）　　　　　　　　　　　　10.（　　）

11.（　　）　　　　12.（　　）　　　　13.（　　）

14.(　　)

15.(　　)

16.(　　)

17.(　　)

18.(　　)

19.(　　)

20.(　　)　　　　　　　　21.(　　)

22.(　　)

23.(　　)

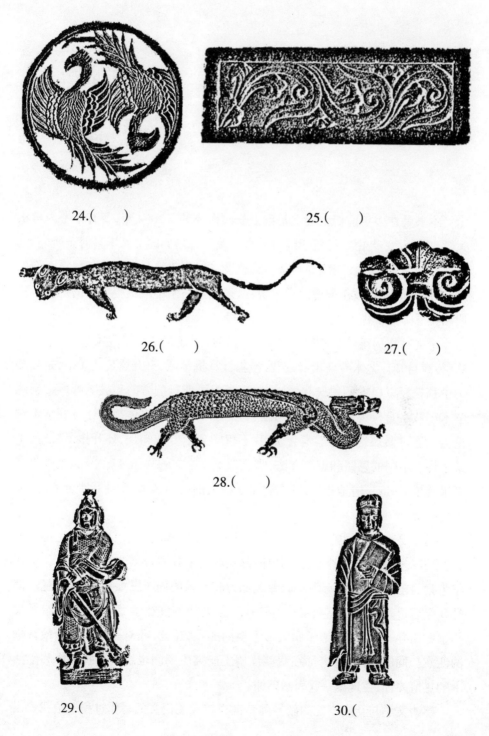

24.(　　)

25.(　　)

26.(　　)

27.(　　)

28.(　　)

29.(　　)

30.(　　)

后　记

　　本书是在多年前博士论文基础上修改而成的。2004 年，我有幸考入重庆大学，成为了一名由计算机学院与艺术学院联合培养的交叉学科博士研究生，师从导师吴中福教授与副导师张春新教授，进行"传统视觉艺术与数字图像处理"方向的研究。数年的博士学习历程，是我这一生中最值得珍惜的财富。感谢两位恩师给予我太多太多的关心与帮助。

　　论文写作的艰苦，一开始虽有估计，但最后还是超出了我的想象，个中滋味，冷暖自知。艺术专业出身的我，涉猎计算机领域，一开始茫然无措，是导师吴中福教授以极大的勇气和爱心，给我指引了前行的方向。吴老师所带领的学术团队一直保持着一个优良习惯：每周三下午在多媒体报告厅召开学术讨论会。通过参加这样的学术会议，我不仅学到了专业知识，还开拓了视野，了解了许多不同的思路和思维方法，收获颇丰。论文的写作过程中，吴老师更是不厌其烦，一遍一遍地指导修改，付出了极大的精力和辛劳，让我十分心疼，也十分感动。

　　我还要感谢副导师张春新教授。博士论文的选题来源于张老师主持的国家"十五"艺术科学规划课题"四川南部地区南宋墓葬石刻艺术研究"。张老师作为我的艺术导师，具有深厚的专业能力和较强的创新思维方式，这些优点都是我今后进行学术研究和工作的榜样。张老师不仅在学习上、工作上给予我热情的指导，生活中也给予我无微不至的照顾，在此，我对张老师表示最诚挚的谢意！同时，师母赵老师在我就读博士研究生期间也给予了我工作和生活上的热情关怀，在这里一并表示感谢。

　　感谢文学与新闻学院的副导师苟世祥教授在论文的写作过程中给我提出

的许多宝贵意见,使我受益匪浅。感谢计算机学院的房斌教授及所带领团队下的李颖、程森博士在整个数字拓片实验过程中给予的大力帮助和支持。感谢曾理老师无私赠送给我图像处理实验书籍,使数字拓片关键环节研究工作有了突破性进展。感谢张玉芳老师、李华老师、周尚波老师、李季老师、朱郑州老师给我补习计算机基础课程。感谢李学明老师、吴开贵老师、李勇明老师在论文的写作过程中给我的指导。感谢学长李良炎、李云、冯永、钟将、叶春晓、欧灵,学友汪兴富、陈乙雄、董晓华、杨浩澜、邱全杰、高旻、罗燕等给予我真诚的帮助。感谢我的同窗好友李雅梅一直坚定的鼓励着我、支持及帮助着我。

感谢四川省泸州市文化局、泸州市博物馆、泸县文管所(现泸县文物局)、合江博物馆等单位对本书写作提供的资料支持。尤其感谢泸县文管所的负责同志及各位工作人员的热情帮助,他们所提供的大量拍摄精良的石刻数字照片及部分珍贵的馆藏石刻手工拓片成为"数字拓片"研究中的重要素材和参考依据,使整个研究工作得以顺利开展。

感谢《泸县宋墓》一书所有编著老师的辛勤劳动,他们的工作为本书的写作搭建了重要而坚实的基础。

感谢我的研究生余梦晨、吕佳骏、郭亚琼与我一道共同完成了本书插图部分石刻线描的绘制工作。

由于笔者水平有限,书中错误与不足在所难免,恳请读者与专家批评指正!

朱晓丽

2015 年 8 月于重庆

责任编辑:洪　琼

图书在版编目(CIP)数据

川南宋墓石刻图式分析及数字拓片研究/朱晓丽 著. —北京:人民出版社,
2018.6

ISBN 978 - 7 - 01 - 018464 - 7

Ⅰ.①川…　Ⅱ.①朱…　Ⅲ.①数字图象处理-应用-墓葬(考古)-石刻-
拓片-研究　Ⅳ.①K877.404

中国版本图书馆 CIP 数据核字(2017)第 263124 号

川南宋墓石刻图式分析及数字拓片研究
CHUANNAN SONGMU SHIKE TUSHI FENXI JI SHUZI TAPIAN YANJIU

朱晓丽　著

人民出版社 出版发行
(100706　北京市东城区隆福寺街 99 号)

北京汇林印务有限公司印刷　新华书店经销

2018 年 6 月第 1 版　2018 年 6 月北京第 1 次印刷
开本:710 毫米×1000 毫米 1/16　印张:10.5
字数:200 千字

ISBN 978 - 7 - 01 - 018464 - 7　定价:48.00 元

邮购地址 100706　北京市东城区隆福寺街 99 号
人民东方图书销售中心　电话 (010)65250042　65289539